VILSON LANGARO CORRAL

CASAMENTO
COMO FERIMOS, COMO CURAMOS

Vitrola

VILSON LANGARO CORRAL

CASAMENTO
COMO FERIMOS, COMO CURAMOS

COPYRIGHT © VITROLA EDITORA, 2023.
TODOS OS DIREITOS RESERVADOS À VITROLA EDITORA.

Direção Editorial:
Vitor Alessio Manfio

Projeto Gráfico:
Marcus Munhoz

Assistente Editorial:
Tayná Werlang

Revisão:
Paula Mendonça Dias
Marina Silva e Siqueira

Dados Internacionais de Catalogação na Publicação (CIP)
(Câmara Brasileira do Livro, SP, Brasil)

```
Corral, Vilson Langaro
    Casamento : como ferimos, como curamos / Vilson
Langaro Corral. -- Frederico Westphalen, RS : Vitrola
Editora, 2022.

    ISBN 978-65-89711-30-8

    1. Autoconhecimento 2. Casamento
3. Desenvolvimento pessoal 4. Mudança de atitude
5. Mudança de vida 6. Relacionamentos I. Título.

22-101570                                    CDD-158.2
```

Índices para catálogo sistemático:

1. Casamento : Relações interpessoais : Psicologia
    aplicada   158.2

Eliete Marques da Silva - Bibliotecária - CRB-8/9380

Vitrola Editora e Distribuidora Ltda.
Rua das Camélias, 321 – Aparecida – CEP: 98400-000
Frederico Westphalen – RS
Tel.: (55) 3744-6878 – www.vitrola.com.br

AGRADECIMENTOS

Primeiramente a Deus, ao universo e à vida, por existirem. Isso possibilitou tudo!

Ao meu pai, que me incentivava a gostar de estudar. À minha mãe, que me inspirava a ler pelo simples fato de vê-la com um livro na mão. A eles devo tudo. Ensinaram-me a dar os primeiros passos e a caminhar para a vida. O sentimento é de gratidão eterna. Talvez seja impossível retribuí-los por todo o apoio que me deram, embora nunca tenham exigido nada, absolutamente nada em troca. Procuro retribuir a vida e as pessoas que cruzam meu caminho. Assim me sinto mais completo.

Aos meus irmãos que, enquanto eu estudava longe de casa, trabalharam por mim e ajudaram no meu sustento. Retribuí gentilmente a cada um, no tempo certo. Sinto-me em paz por ter a sensação de que a justiça foi feita.

À Mari Stela, minha amada esposa, que lutou várias batalhas comigo, mesmo as que eram somente minhas. Começo a desconfiar de que ela gosta de batalhas mais do que eu, já que esteve presente em todas. Se eu a conheço, vai rir do que escrevi. Companheira de todas as horas, com quem compartilho as tristezas, as benesses da vida e as incríveis e inesquecíveis aventuras de moto pela Cordilheira dos Andes, pelo Deserto do Atacama e tantas outras pelo mundo. Depois de duas perigosas quedas de moto, uma na Serra do Rio do Rastro em Santa Catarina e outra em Taquarembó, Uruguai, decidi abandonar as motos e migrar para um triciclo Spyder. Neste, é impossível cair. Hoje são aventuras sem riscos. Minha eterna gratidão por somar sua vida à minha e por dizer sim.

Aos nossos filhos, Gabriel, Bernardo e Bharbara, que por vários momentos foram privados da minha presença. Escrever um livro requer muitos períodos exclusivos e solitários. No seu íntimo, eles sabem que sempre poderão contar comigo, salvo alguma força impositiva da vida. Assim como meus pais fizeram comigo, dedico minha vida a eles. O exemplo é mestre justo e implacável.

Ao Bodhi Diya, discípulo do Osho e da vida. Um mestre que a existência me presenteou num dos meus momentos mais difíceis, em que estive chegando a ponto de desistir de tudo. Fez-me descobrir o amor pela Psicologia, por Terapia em Grupo e pelo autoconhecimento. Inspirei-me nele para criar meus próprios cursos de autoconhecimento. Somos irmãos na Busca.

Ao Geancarlo Mezzomo, querido amigo, médico nas cidades de Marau e Casca, RS. Ser humano dotado de uma humanidade ímpar. Instigou-me a escrever um livro sobre "Estratégias fatais da infância", tema impactante de um workshop do qual ele participou e que amou. O primeiro livro, entretanto, nasceu com outro tema. Foi o Gean que semeou no meu coração a ideia de escrever. Há um desejo mútuo de escrevermos um livro juntos.

À freira Edwiges Klein, inesquecível professora de Português do antigo Primeiro Grau, na minha amada cidade de Tapejara, RS. Ela brincava com as letras e palavras, levando-me a mundos fascinantes com cativante paixão. Aos dois profissionais fora de série que a vida me presenteou e que prefaciaram este livro. São, na minha visão, os melhores do país naquilo que fazem:

Ao Dr. Araby Nácul Filho, médico gastroenterologista e endoscopista na cidade de Passo Fundo, RS, dotado de uma inteligência e de uma humanidade incomuns. É simplesmente brilhante em tudo o que faz, porque o faz com muita dedicação. Foi o primeiro de quem busquei um parecer desta obra. Muito obrigado!

À Adriana Mayer, psicóloga, escritora e instrutora do melhor curso de Eneagrama do país, atualmente residindo em Curitiba, PR. Uma luz benigna na vida de tantos; pessoa que está a serviço da vida e do amor disponibilizando seu precioso tempo para ler e dar o retorno que eu necessitava. Gratidão!

Ao Fernando Borgman Severo de Miranda, guardião das histórias e das memórias de nossa cidade, Passo Fundo, RS, que amorosamente mostrou-me, entre um café e outro, os caminhos que o livro percorre até chegar ao leitor.

Ao Rafael D. Ravelli, corretor ortográfico que pacientemente acolheu meus erros ortográficos com muita generosidade, maestria e sabedoria.

A todas as demais pessoas que cruzaram meu caminho. Algumas ficaram, outras somente cruzaram.

Aos milhares de pacientes que, durante todos esses anos, me ensinaram em cada sessão sobre relacionamentos e sobre as infinitas formas de amar e ser amado. Depois de meus pais, devo a eles basicamente tudo o que sou.

A todas as pessoas que participaram de meus cursos e workshops. Não cabe dentro de mim tudo o que me deram e, hoje, por gratidão, distribuo parte do que ganhei. Um agradecimento especial a todos os casais que procuram fazer seu casamento dar certo apesar das desafiadoras dificuldades que emergem a todo momento. Veio deles o exemplo e a motivação para escrever este livro.

À quarentena! Compreendi que ela tirou algo de todos nós. Por outro lado, mostrou a possibilidade de que um novo mundo pode ser construído e de que somos capazes disso. Não todos, ainda. Existe um tempo certo para todas as coisas acontecerem. A mim, a quarentena trouxe o necessário tempo para escrever este livro.

E por fim, ao Amor: essa incrível tecnologia que gerou tudo e que move a todos; aos que já sabem disso e aos que ainda não sabem.

PREFÁCIO I

Ao receber uma tarefa inesperada nesta pandemia, não tinha ideia de que estaria sendo presenteado. Era um presente com uma embalagem muito bem-feita e decorada, mas, para minha alegria, o melhor ainda estava por vir. A cada desenlace de fita, a cada pedaço de papel desnudado, começava a mostrar-se uma magnífica obra denominada "Casamento: como ferimos, como curamos". Foi escrita por um grandioso psicólogo, atuante na cidade de Passo Fundo e região, e agora também escritor. Vilson Langaro Corral conseguiu de forma simples e singela transpor as paredes de seu consultório e colocar no papel os segredos e as necessidades básicas para um relacionamento saudável e prazeroso.

Conheço o Vilson há mais de uma década. E como defini-lo? Uma pessoa à frente de seu tempo. Por quê? Porque olhando o seu trabalho, fiquei surpreso e impressionado com sua capacidade de enxergar, simplificar e mostrar às pessoas o seu caminho, não só através da terapia individual ou de casal, mas também em cursos para grandes grupos, nos quais se tornou referência. Digo sem medo algum que, se vocês são muito bons naquilo que fazem, esse psicólogo/escritor é tão bom, ou melhor, na arte que exerce.

Portanto, convido todos a mergulharem nestas páginas, buscando o entendimento e o conhecimento que lhes permitirão se livrarem das amarras do passado. Emergirão, ao final desta obra, pessoas melhores, não só vocês, mas também os seus pares.

Felicidade não se encontra, constrói-se. Boa leitura a todos.

Araby Augusto Nácul Filho
Médico

PREFÁCIO 2

Quem não sonha em ter um relacionamento saudável? Em toda a história da humanidade, tem algo que nunca mudou: as pessoas precisam relacionar-se. E relacionar-se bem é o melhor que podemos fazer por nós! "Em essência, somos seres relacionais! É intrínseco, inerente ao ser humano. Não há possibilidade de negarmos isso. Essa interação é importante tanto para o desenvolvimento do indivíduo como para o da sociedade. É importante para todo o sistema."

A partir do momento em que um casal tem uma relação saudável, outras pessoas do seu convívio, especialmente os filhos, têm maiores chances de se tornarem e/ou se manterem saudáveis.

Quem não sonha em ter um relacionamento saudável? Por vezes, alguns caminhos tortuosos nos distanciam desse sonho. Se não estivermos confortáveis e bem com a nossa história de vida, dificilmente estaremos prontos para partilhá-la com alguém. "Quem não se relaciona de forma saudável, não tem qualidade de vida e funciona no modo de sobrevivência. Sobreviver é mais pobre que viver!"

Se todos os seres sonham em ter um bom relacionamento, por que isso se torna impossível para tantos? Qual a razão de vermos quase a mesma medida de casamentos e separações acontecendo no dia a dia? Por que isso acontece? O que nos falta e o que nos sobra? Vilson Langaro Corral responde a esses questionamentos transitando pela infância e explicando em que ela pode influenciar na vida de um casal. Ele dá ênfase à importância de entendermos o que nos aprisiona ou nos limita para sermos assertivos na relação conjugal, pois somente assim receberemos a chave do melhor acesso ao coração (nosso e daquele que amamos). Nem sempre esse acesso está fácil à nossa consciência, e por conta disso nos perdemos de nós mesmos, da nossa pura essência.

Esse sábio psicólogo faz-nos percorrer o caminho entre a ferida e a cura, a prisão e a libertação. Assim, obtemos a evolução dos relacionamentos.

É impressionante a facilidade com que Vilson responde a questionamentos que nos rodeiam uma vida inteira. Visita a observação (mesmo inconsciente) do relacionamento de nossos pais. Ainda sob a visão da psicanálise, da terapia sistêmica e da constelação familiar – utilizadas de forma leve e simples –, ele explica termos difíceis. O autor utiliza de uma didática que se sobressai a livros complexos: ele emprega sua sabedoria acumulada por anos na vivência em consultório e em cursos que ministra fora dele.

Assim, esta grandiosa obra contribuirá para todos que apostam e lutam pelos relacionamentos saudáveis, desde os mentores mais sábios e psicólogos renomados, até os jovens casais que decidiram ter uma vida juntos.

"Relacionar-se é trocar de forma mútua e continua. Ninguém vive sem relações, afinal, relacionamentos são essenciais para a manutenção da vida."

Adriana Mayer

Escritora, leitora, psicóloga, paciente, aprendiz e fã

SUMÁRIO

AGRADECIMENTOS 7
PREFÁCIO 1 11
PREFÁCIO 2 13
SUMÁRIO 15
APRESENTAÇÃO 17
A CONSTRUÇÃO DAS RELAÇÕES 21
PERSONALIDADE ABANDONADORA 29
PERSONALIDADE NÃO COLABORATIVA 45
MODELO E LEGADO 61
ARREPENDIMENTOS 69
ALMA GÊMEA 77
TRAIÇÃO: A DOR QUE ENSINA 85
A DOR NA ALMA DOS FILHOS 93
OS VAZIOS DA SEPARAÇÃO 101
OS MILAGRES DA SEPARAÇÃO 111
AMOR TÓXICO OU AMOR-PRÓPRIO? 121
FERINDO O CÔNJUGE 133
E QUANDO O PASSADO RESSURGE? 141
DEIXAR IR É ABANDONO? 155
O BUDA FURTIVO 165
AS DOENÇAS E AS PESSOAS SOLTEIRAS 171
DESCONSTRUINDO A RELAÇÃO 181
SEXO 191

APRESENTAÇÃO

Para quem não sabe, é muito trabalhoso escrever um livro. Ao menos foi para mim. Não nasci escritor, mas mesmo assim decidi escrever. Também não sei se alguém nasce sendo algo. Talvez decida se tornar algo. Isso é possível, mas fato é que é um processo demorado.

Escreve, lê, apaga, reescreve, lê de novo. Caraca! Joga na mesa, no chão também, por vezes. Recolhe do chão. Organiza. Volta a escrever, apagar e reescrever. Tudo de novo. Olha para o chão novamente. Respira. Toma café. Vai dar uma volta. Retorna. Repete. Aff! Chega a ser cômico. Ah, ri sozinho. Escreve de manhã, de tarde, de noite e de madrugada.

Ouvi de um ghostwriter que ele escreve tomando vinho. Pois bem! Experimentei com cerveja, com vinho, com água, com café, com chá e com suco. Valeu tudo. Quem me conhece do consultório sabe que minha bebida preferida é o café. Nasci no Rio Grande do Sul, mas sou filho de um paulista e de uma gaúcha. Deve ser por isso. Paulistas amam café. É meu vício.

Escrever foi como gestar um filho. Compreendi um pouco mais sobre a gestação e, por fim, sobre o parto. Parto no final? Não: desde o início. Buáááá — nasceu. O que me resta? Torcer para que tenha um bom destino. O que é ter um bom destino? Essa não me atreverei a responder. Essa, será o papel do Destino responder e o danado só responde no fim. Bem no fim! Acho que é por isso que dizem que tudo dá certo somente no fim. Se ainda não deu é porque o Destino ainda não terminou sua magistral e inegociável tarefa: destinar destinos.

Este livro não trata de psicologia profunda ou de teorias acadêmicas de alta complexidade. Não é um livro técnico. É, na verdade, sobre o cotidiano das relações, sobre conteúdos que todos podem alcançar, absorver e transportar em ensinamentos para a sua realidade. São temas que perpassam as relações.

É um livro de linguagem simples, objetiva e coloquial. Às vezes a fala é mansa; outras vezes, firme. Seu maior propósito é tocar o coração de todos que buscam qualificar o seu casamento. Mostra que um relacionamento não se constrói e também não se desconstrói sozinho, ambos na relação são responsáveis pelo que acontece e são engenheiros construtores do seu futuro. Tudo se faz a quatro mãos, tanto para criar, crescer, manter, quanto para o oposto. Ou não há culpados, ou ambos são responsáveis por tudo o que se sucede nesse sagrado território.

Em cada capítulo, há uma palavra, uma instrução ou um ensinamento que podem ser aproveitados na vida diária. São muitos anos de estudo e de prática em consultório, com milhares de sessões tanto individuais como de casais, nas quais a temática principal é o relacionamento. Fundamentalmente, tudo o que está escrito neste livro veio das experiências vividas no consultório, observando, escutando, dialogando e questionando meus pacientes. É com imensa alegria no coração que me atrevo a escrever sobre um tema tão complexo.

Nenhum escrito é necessariamente um dizer inflexível. Tudo pode ser questionado, já que a verdade pertence a todos e está em constante transformação.

Relacionamento é vida. Sem relacionamentos, perdemos infinitas possibilidades de nos conhecermos melhor. Se alguém deseja de verdade crescer, sugiro que tenha um relacionamento, pois é um excelente caminho iniciático para o seu desenvolvimento pessoal.

Um dos melhores cursos de autoconhecimento é o de envolver-se com pessoas, quer sejam colegas de trabalho, amigos, membros da família, quer sejam relacionamentos amorosos, passageiros ou duradouros.

Nos relacionamentos, nós revelamos nossos mais profundos sentimentos e comportamentos. Além de desnudar nossa real condição de humanidade, desenvolvemos novas possibilidades de criar vínculos e de exercitar a capacidade de amar. Enfim, nossa luz e nossa sombra são manifestadas e confessadas.

Observei durante anos as mais variadas dinâmicas destrutivas que ocorrem dentro de um relacionamento e decidi materializar esse conhecimento em forma de palavras. O que está escrito é uma espécie de manual que aponta para a direção dos principais equívocos.

Acredito que várias pessoas poderão tirar proveito do escrito, reconfigurar relações que vivem e ter um destino mais saudável. Isso me deixará imensamente feliz. No nosso íntimo, sabemos que existe uma corrente do bem que espalha suas fragrâncias de forma gentil e carinhosa pelas vielas, ruas e avenidas das cidades.

Podemos viver várias aventuras de diferentes naturezas durante nossa estada na Terra. Um relacionamento pode ser uma delas. Se bem observarmos, qualquer um pode ter um casamento, contudo, mais que ter o relacionamento, é preciso que este traga felicidade.

Por que não tornar o casamento uma instigante e incrível aventura, na qual as necessidades se cruzam e se completam?

É possível que nada de novo seja encontrado neste livro, mas, enquanto analogia, temos de nos lembrar dos cálculos da matemática básica para poder fazer outros mais complexos. Revisitar o passado para crescer trará ao retorno novas verdades.

É possível dizer que o amor nos leva a fazer muitas coisas. É uma força motivacional como poucas, mas ele em si não garante a continuidade dos relacionamentos. Estamos errando em algum ponto. Somente no Brasil, nos últimos 5 anos, entre

2015 e 2020, o número de divórcios cresceu 75%, apontou o IBGE. Não estamos sabendo administrar o que está acontecendo. Talvez nos faltem ferramentas para lidar com as mais variadas situações e desafios que ocorrem dentro do casamento. O amor, sozinho, não tem conseguido salvar os casamentos.

Elucidar vários fenômenos que tanto afetam os casamentos integra os objetivos de escrever este livro. Desejo a você, querido leitor, que se entregue nesta aventura. É muito provável que encontrará algumas coisas com as quais não irá concordar. Faz parte. Mas me arrisco a perguntar: Ao validarmos somente o que acreditamos, que crescimento real teremos?

Logo nos primeiros capítulos, você perceberá o quanto sou favorável aos relacionamentos e aos casamentos. Sou fã e defensor nato. Para mim, muitos casamentos poderiam ter sido resgatados, e não desfeitos. Para que isso se torne uma possibilidade, há que se ter uma série de recursos e habilidades. Infelizmente, nem todos as têm. Cada pessoa carrega uma verdade que deve ser considerada em todas as ocasiões. Para alguns, é menos perigoso seguir as trilhas que levam à guerra do que seguir os caminhos que levam ao amor. Os escritores de ficção científica têm algo em comum com aqueles que acreditam no amor: ambos são visionários. O que eles conseguem supor, muitos têm dificuldade em acreditar. São visões privilegiadas.

Como ler este livro? Ele não segue necessariamente uma sequência de assuntos, portanto pode ser lido um capítulo aqui, outro acolá. Os temas podem ser abordados sem ordem definida, embora estejam interligados.

Uma descoberta: são os sonhos que nos tiram da zona de conforto.

Para mim, relacionamento é a maior temática da terra. É o que dá, é o que tira. É o que fere, é o que cura. Por fim, é o que destrói e o que constrói!

Boa leitura!

CAPÍTULO 1
A CONSTRUÇÃO DAS RELAÇÕES

"Você é livre para fazer as suas escolhas, mas é prisioneiro das consequências."

Pablo Neruda

O amor inicia-se no lar. A dor também. O lar é o primeiro núcleo de relacionamentos e de socializações.

É a matriz, a base de todas as relações. No lar, o sujeito tem a primeira noção da dualidade das relações: o amor e o desamor; a presença e a ausência.

Em essência, nós somos seres relacionais! É intrínseco, inerente ao ser humano e não há possibilidade de negá-lo. Essa interação é importante tanto para o desenvolvimento do indivíduo como para o da sociedade. É importante para todo o sistema.

Relacionar-se é trocar de forma mútua e contínua. Ninguém vive sem relações, afinal, relacionamentos são essenciais para a manutenção da vida. Quem não se relaciona não tem qualidade de vida e funciona no modo de sobrevivência. Sobreviver é mais pobre que viver!

Alguns até fogem de se relacionarem, mas é um comportamento defensivo, não natural.

A maioria das dores emocionais do ser humano provém do contato com os outros e a maturidade emocional dos envolvidos na relação resulta em sofrimento ou na falta dele.

Poucos recursos para lidar com as dores, vida sofrida. Maior capacidade para lidar com os conflitos, vida mais leve.

Fica evidente que sofrer é falta de inteligência emocional. Num futuro não muito distante, sofrer será considerado comportamento primitivo, assim como se deu com a agressão de um ser humano contra outro. Agredir é jurássico. Sofrer também será. O sofrimento dá-se tão somente pela ausência de ferramentas psíquicas para lidar com a dor em questão. Mais ferramentas, menos dor.

As primeiras frustrações com que o sujeito tem contato se dão no ambiente familiar. O ambiente que deveria acolher com amorosidade nem sempre está maduro o suficiente para tal missão. A família, muitas vezes sem se dar conta, fere e deixa marcas profundas. Essas dores serão examinadas e tratadas durante um longo tempo, porque não afetam somente uma área de desenvolvimento, e sim todas. Por família, compreende-se os pais, irmãos, avós, tios, primos, padrastos e até mesmo cuidadores, por exemplo.

Via de regra, são os pais que apresentam à criança a primeira experimentação dos relacionamentos. Dessa dinâmica nascem padrões positivos e negativos que serão repetidos por toda a vida. Do contato inicial com os pais nasce a força do amor e a dor do desamor, carregados para sempre.

Lya Luft foi muito sábia quando escreveu: "A infância é o chão sobre o qual caminharemos o resto de nossos dias". Significa que o que acontece na infância não fica somente lá: mais dia, menos dia, alcança o futuro. No tempo de cada um.

Basicamente, a pessoa internaliza todas as dinâmicas que ocorreram na relação com os pais — quer tenham sido saudáveis ou doentias. O que ali foi vivido e experimentado é internalizado (copiado) e reproduzido nas relações durante a vida adulta. É de lá que vem o modelo para todas as outras.

O tipo de amor que é buscado na vida adulta está carregado de elementos dos modelos iniciais, isto é, as pessoas procuram aquilo que já conhecem, aquilo que viveram com os seus pais.

Como regra geral, o indivíduo procura por aquilo que lhe é familiar, que sente ser conhecido, não importando ter sido bom ou ruim. Isso será descoberto mais tarde. É um dos truques do amor.

O célebre poeta Mario Quintana disse em uma frase o que se demora uma vida inteira para entender: "O passado não reconhece o seu lugar: está sempre presente". Ah, esses poetas! Descrevem a dor como ninguém.

Se a garota teve amor do pai, sentindo-se preenchida por atenção e afetos qualificados, fatalmente se sentirá atraída por alguém que também tenha o amor saudável para trocar. Se o pai foi de alguma forma tóxico, crítico, ausente, se não deu a merecida atenção, se foi abusivo em palavras ou atitudes ou ofereceu qualquer outra forma de amor não saudável, ela procurará por alguém que tenha o desamor para trocar. A química fará o resto, dando um jeito de aproximá-los um ao outro.

A maquete da relação com os pais será a arquitetura das relações afetivas que serão buscadas — e o mais incrível — encontradas!

Outras teorias reforçam a ideia de que, por mais que se procure um amor diferente do que foi vivido no ambiente familiar, de alguma forma o menino acabará casando com uma pessoa muito parecida com a sua mãe. A menina encontrará alguém que lembre muito o seu pai. O indivíduo achará uma pessoa muito parecida com seus pais numa cidade de 10 milhões de habitantes, ou até mais.

O processo de identificar-se é uma espécie de reconhecimento emocional com características que os pais possuíam e que foram importantes para a criança.

Cada filho valoriza aspectos diferentes nos pais. Cada um dos filhos reconhece neles aquilo que julga ser relevante. O que para um pode ser uma característica importante, para outro pode não ser. Um pode ver a inteligência como aspecto atraente e outro pode ver a afetividade. A criança reconhece aspectos no pai, no caso da mulher, e na mãe, no caso do homem. Tais aspectos existentes nos pais são muito importantes para as crianças e serão reconhecidos de forma inconsciente quando esta for adulta — serão os objetos do seu desejo e do seu amor. Então, a química acontecerá e virará interesse, desejo, atração, afeto. Provavelmente, a partir desses desejos, um relacionamento acontecerá, podendo ser saudável ou não.

Por mecanismos inconscientes, encontramos aquilo que tanto buscamos.

Para resumir: o menino casa com a mãe; a menina, com o pai. É mágico.

***

O Complexo de Édipo é uma teoria proposta por Sigmund Freud, neurologista, psiquiatra e criador da psicanálise. De forma reduzida, esse complexo faz parte do desenvolvimento psicossexual de toda criança. O fenômeno acontece entre os 3 e 5 anos de idade, aproximadamente. Um conjunto de desejos ambivalentes e conflituosos tomam conta da criança. São sentimentos amorosos pela mãe e hostis pelo pai. No caso, o filho sente ciúme e raiva do pai e desejos pela mãe. O menino vê no pai um rival, uma vez que ambos desejam a mesma mulher. O desejo do filho é matar o pai para ficar com a mãe. Durante a fase do Édipo, é como se o menino não sentisse a mãe como mãe, e sim como uma mulher, no aspecto inconsciente do afeto. O Édipo é um fenômeno natural, espontâneo e acontece com todos, bem ou malsucedido.

Para Freud, o complexo de Édipo desempenha um papel importante para a formação da identidade sexual da criança. Freud acreditava que a conclusão dessa fase ocorre de forma positiva quando o menino se identifica sexualmente com o pai. A dissolução do complexo se dá, portanto, pela identificação com a pessoa do mesmo sexo. O menino fica identificado com o masculino do pai e a menina com o feminino da mãe. A partir daí, mais adiante, estarão aptos a construir relações saudáveis.

Nas meninas, ao mesmo processo dá-se o nome de Complexo de Electra. Ela rivaliza com a mãe, deseja ocupar seu lugar e ficar com o pai. Com o tempo percebe que não é possível e se rende à força da mãe, ocorrendo a identificação com o prisma feminino dela.

Esses incríveis fenômenos psíquicos ocorrem inteiramente de forma inconsciente, porém refletem, sobremaneira, nas escolhas afetivas na vida adulta.

Essencialmente procuramos substitutos amorosos para ocupar o lugar dos pais ou o vazio deixado por eles. Todos precisam ser amados, mas a realidade mostra que nem todos o foram tanto quanto deveriam! O contexto da infância difere de pessoa para pessoa e cada família constela uma realidade para si. As crianças que receberam pouco afeto precisarão de muito carinho e atenção na vida adulta, mais do que seria normalmente necessário. Tornam-se carentes — de cuidados e de contato físico.

Quem não teve o amor dos pais, notadamente o da mãe, passa uma boa parte da vida procurando por esse amor não vivido, aqui e acolá. Envolve-se muitas vezes em situações frustrantes e até lastimáveis.

A busca por esse elo perdido não cessa até que se encontre algo que preencha o vazio existencial deixado pela falta das figuras parentais, especialmente da mãe.

O amor dos dois pais é extremamente importante, porém o amor da mãe é mais necessário, mais completo, preenche mais.

O que faltou na infância vai ser exigido e cobrado nos relacionamentos do futuro.

As cargas da carência são transportadas para dentro do casamento, podendo tornar-se um peso extra para o cônjuge. No início do relacionamento isso não ocorre, pois oferecer cuidados e preencher o outro gera muito prazer. É muito aprazível dar prazer a quem se ama.

Com o passar do tempo, porém, observa-se que é difícil encher um pote que tem rachaduras no fundo. Por mais que se dê, nunca ficará totalmente preenchido. Todo o amor recebido escapa pelas fendas, tal qual areia que escorrega entre os dedos das mãos.

Não há como negar, somos seres caracterizados pela falta. Somos incompletos.

Essa é uma das razões pelas quais algumas pessoas precisam buscar por mais amor em outros braços fora do casamento, nas relações extraconjugais. Por mais que recebam amor, ainda assim não se sentem preenchidas e consideram insuficiente o que recebem. Eis um dos motivos das traições. O que poderá preencher um pote sem fundo? É uma dinâmica cansativa para ambos: o julgamento equivocado do equilíbrio entre o dado e o recebido.

Quem teve conflitos contundentes com a mãe tende a trair mais.

A necessidade de ter contatos afetivos não pertence somente ao mundo infantil. Os adultos também têm essa necessidade visceral, não importando a idade.

***

Relacionamentos são imensamente desafiadores! Somente os corajosos se propõem a encará-los. O maior desafio da humanidade, sem sombra de dúvidas, é aprender a relacionar-se. Em toda a relação, a real maturidade emocional dos envolvidos é testada e manifestada continuamente.

Um relacionamento tem maturidade emocional quando as partes conseguem se tratar com respeito, dignidade, atenção, amorosidade e confiança.

E quando seus acordos são respeitados!

***

Todos possuem um código moral intrínseco que não está em livro algum. Os livros que tratam de códigos morais tentam materializar essas leis inscritas na nossa consciência.

Ninguém sabe ao certo em que momento a consciência é formada. Há várias teorias e hipóteses. A consciência é uma espécie de banco de dados que, desde a tenra idade, auxilia a distinguir o que é certo do que é errado.

Uma criança parece saber o que pode e quando pode fazer algo ou não. Quando vão contra isso, na maioria das vezes, é para testar se o adulto está realmente presente, se presta atenção a ela.

As crianças sempre buscam os limites. Elas testam os pais para ver se eles têm força. Quando a criança encontra um limite, ela encontra o amor.

Filhos precisam de pais fortes.

Pais presentes: adultos preenchidos e seguros de si.

Pais ausentes: adultos inseguros e carentes.

Pais excessivamente presentes: adultos fracos e manipuladores.

Pais excessivamente ausentes: adultos abandonadores.

A segurança de que tanto se precisa para enfrentar a vida adulta nasce da qualidade da presença dos pais.

Para Winnicott, pediatra e psicanalista inglês, "Basta uma mãe ser suficientemente boa". É aquela mãe que é madura o suficiente para frustrar a criança quando entende que é necessário. Pequena, a criança confunde a mãe com uma extensão de si mesma e pensa poder controlá-la para ter atendidos prontamente os seus desejos. A mãe atende-os, mas com um tempo de espera, mostrando nesse momento a presença do limite, que é uma ferramenta importante para a construção da resiliência.

A tão almejada resiliência é forjada nas sucessivas frustrações.

As frustrações formam homens e muheres com integridade.

CAPÍTULO 2
PERSONALIDADE ABANDONADORA

"Se você foi abandonado, saiba que sempre esteve realmente sozinho."

Daniel Ibar

Toda relação humana poderá ser vitimada por um conflito inesperado. É inevitável. Basta conversar com um juiz, um advogado ou com terapeutas. Não importa a natureza da relação, poderá sofrer com conflitos. Alguns exemplos: pais × filhos, irmão × irmão, marido × mulher, amigo × amigo, patrão × funcionário, comprador × vendedor, vizinhos, países, desacordos comerciais e por aí afora. Cabe fazer algumas observações a respeito de determinadas reações comportamentais que surgem no pós-briga.

Todas as pessoas carregam modelos dentro de si. Os hábitos formatam-se na nossa mente pela repetição, e esta cria padrões que são reproduzidos de forma automática, sem pensar. Simplesmente se manifestam porque já foram configurados em algum momento do passado, tornando-se padrões de comportamento. São como respirar: não há necessidade de pensar se vai ou não fazê-lo. A respiração apenas acontece, sem esforço algum. Quando surge um conflito, acionamos os modelos já introjetados na nossa mente, copiados a partir da convivência com outros, mesmo que não pareçam ser cópias absolutamente fiéis. A rigor, os primeiros modelos com que temos contato são os padrões de nossos pais. Por consequência, é bastante comum reprisarmos a forma como eles discutiam e brigavam. Esses modelos primordiais que se formaram na mente de cada indivíduo, agora na vida adulta, manifestam-se de forma natural como comportamentos.

Podemos reagir ou mobilizar vários comportamentos antes, durante e depois dos conflitos. Frequentemente as pessoas evocam dois tipos de comportamentos ou padrões durante as brigas: o tipo abandonador (separador) e o tipo apaziguador (mediador). São posicionamentos opostos. Nos conflitos, enquanto um desses tipos se posiciona mais para ajustar a relação, o outro coloca-se mais para terminá-la. Um argumenta para corrigir os problemas e prosseguir, o outro defende a ideia do abandono. Como o número de divórcios vem crescendo significativamente em todo o planeta, pode-se concluir que está decrescendo o número de casais em que ambos se posicionam para o resgate da relação.

Nas sessões de terapia de casal, frequentemente a situação inicial se apresenta clara. Um se inclina a resgatar, o outro a abandonar. Um tenta fazer a ponte; o outro, o abismo. Um busca, o outro se afasta. Um aceita fazer terapia, o outro resiste. Um busca a reconciliação, o outro aguarda imóvel. Um investe na aproximação; o outro, no afastamento. Um busca o diálogo ou alguma linguagem que insinue o retorno da paz, o outro se emburra.

Vê-se claramente quem é o mais maduro, o mais adulto no relacionamento. Por mais adulto compreende-se aquele que busca o diálogo, que quer a aproximação e que está disposto a assumir com responsabilidade suas questões mal resolvidas e que afetam a relação.

A bem da justiça, ambos têm coisas para resolverem que trazem de seu passado e que respingam no relacionamento. Sempre é importante lembrar que, nas brigas, o que está escondido tende a vir para a superfície.

Quem é observado mais abandonador, antes de buscar o divórcio deve investigar se realmente quer a separação ou se é apenas a força do aspecto abandonador que está atuando. Tanto o abandonador quanto o conciliador se posicionam dessa forma em outros aspectos da vida. É uma característica peculiar de cada um.

Eu criei este termo — **personalidade abandonadora** — para designar aquela pessoa que tem a característica de não terminar o que começa, de iniciar coisas, projetos, relacionamentos e ter uma inclinação natural por abandoná-los por motivos nem sempre relevantes. Possui estas características principais:

- Nos conflitos de relacionamentos, é o que mais fala em abandono ou em separação.
- É aquela pessoa que pensa mais em separar-se do que em corrigir as dificuldades.
- Nas brigas, é o que olha para a mala, caracterizando que vai fugir, abandonar ou retirar-se da relação.
- É aquele que pune com emburramentos e vácuos punitivos, abstém-se de trocar palavras e dificulta a reaproximação.
- É aquela pessoa que, nas discórdias, emburra-se, sente-se a vítima, podendo fazer o tipo sofredor.
- Mesmo sabendo que está errado, pode ir até um limite perigoso ou mesmo terminar a relação sem um motivo realmente grave.
- Busca o afastamento daquilo que aparentemente lhe incomoda, sendo incapaz de perceber que o outro também tem sua dor.
- Tem dificuldade de conversar sobre o que está atrapalhando o relacionamento.
- Prefere fugir a enfrentar.

- Nas brigas com um membro da família, pune com indiferença ou com o afastamento, podendo até ir morar longe para evitar a proximidade do contato.
- Tem facilidade para se isolar ante um desafio. Prefere o distanciamento.
- Dorme de costas para o cônjuge por qualquer aborrecimento.
- Acredita que está sempre certo. Possui dificuldade de rever suas opiniões e seus posicionamentos.
- Caso algum amigo o decepcione, pune evitando-o.
- Geralmente é o mais crítico, e os críticos sempre são os mais infelizes na relação e na vida como um todo.
- Pode apresentar dificuldades em manter vínculo com o trabalho, tendo constantemente desejos de fazer outra coisa na vida, de mudar de setor ou de local.

A liberdade é desejo inquestionável. Vem da alma, do espírito. De alguma forma, todos a querem, todos a amam, todos a buscam. Um conceito simples de liberdade: direito de agir conforme sua vontade e seu livre-arbítrio; desejo pela busca da sensação de não depender de ninguém, desde que não machuque ou prejudique outras pessoas.

PERSONALIDADE ABANDONADORA VERSUS LIBERDADE

Há uma relação curiosa entre personalidade abandonadora e sua busca pela suposta liberdade.

Em primeiro lugar, os abandonadores têm dificuldades para criar vínculos. Esse é o ponto-chave. Possuem um desejo obsessivo por se sentirem livres. O que julgam ser liberdade é a confissão da dificuldade de estarem vinculados a algo e serem felizes com esse vínculo.

Para eles, o vínculo significa prisão, acorrentamento, desconforto e, por fim, sofrimento. A ideia de estar no mesmo lugar ou com a mesma pessoa por anos pode ser angustiante.

Vínculo significa afeto, proteção, pertencimento e aconchego. Para os abandonadores, significa sufocamento, rotina, encarceramento e perda da liberdade.

Vários casamentos foram fracassados pelo simples desejo do resgate da liberdade. Muitos a tinham em abundância dentro do relacionamento. Quantos divórcios se deram somente devido ao impulso de buscar sentir aquilo que compreenderam, equivocadamente, ser liberdade?

ABANDONAR É FALTA GRAVE

A maturidade pede que a gente se estude, se observe e se autoconheça, de preferência com uma dose de humildade. Ser humilde, no sentido do autoconhecimento, é estar aberto a novas possibilidades do saber; é ouvir outras verdades sem estar escravo somente daquilo que se sabe; é não ser opositor pelo simples hábito da — inútil — contrariedade.

Em todos os aspectos da vida existem várias verdades e elas certamente não pertencem a ninguém com exclusividade. Quanta inverdade existe quando alguém se diz o dono da verdade!

Uma pessoa madura não deserta muito facilmente, não abandona seu posto e suas obrigações. Dá um jeito de continuar cumprindo com o seu dever.

O grupo dos Alcoólicos Anônimos (A.A.) tem um lema fascinante: "O A.A. não é para os que querem nem para os que precisam, e sim para os que ficam". Assim é o casamento. Alguns casam porque querem, outros porque amam, outros porque precisam sentir-se protegidos, outros, ainda, em razão de terem química, ou para somar patrimônio, ou para agradar alguém ou por outras tantas razões. Mas a verdade é que o casamento é para quem fica, para quem aceita seus projetos desafiadores. Compartilho o depoimento de um paciente do Rio de Janeiro que acompanho de forma on-line e que participa do grupo dos Alcoólicos Anônimos. Ele apresentava sérias dificuldades para formar vínculos afetivos e manter-se neles. O mesmo problema manifestava-se também no trabalho.

A narrativa está relacionada com o abandono de si mesmo e das sucessivas frustrações amorosas pela dificuldade de se tornar adulto no campo da responsabilidade afetiva. Não conseguia criar um vínculo consistente e duradouro com nenhum dos seus relacionamentos, usando o álcool como rota de fuga dos seus próprios sentimentos.

Atualmente, está morando com uma garota maravilhosa, encontra-se feliz com a relação e vinculado de forma consistente com seu trabalho. Antes, desejava abandoná-los, hoje cresce com eles. Cada vez mais está compreendendo a natureza da diferença entre vínculo e liberdade. A descoberta da dificuldade de estabelecer vínculos e a decisão de crescer emocionalmente com a relação atual está transformando sua vida.

— Nasci no ano de 1991. No momento que escrevo este relato, estou com 29 anos, tenho um trabalho estável, sou financeiramente independente e estou na posição de sócio de um escritório de advocacia com mais de 30 colaboradores. Durante toda a minha vida frequentei escolas particulares, tendo sempre notas acima da média e, muitas vezes, sendo considerado o melhor aluno da turma. Fui atleta dos 14 até os 20 anos de idade, atuando no Brasil e no exterior. Tenho pais com ensino superior completo e que nunca me deixaram faltar absolutamente nada de essencial, incluindo carinho e amor (do jeito deles).

— E o mais importante: sou alcoólatra. Digo isso pois não posso esquecer nem ao menos um segundo essa condição, que muitas vezes colocou toda minha vida em xeque.

— Tive consciência aos 27 anos de que, além de alcoólatra, sou adicto. A última vez que ingeri álcool e drogas foi exatamente há 3 anos, 2 meses e 3 dias, após passar 3 dias e noites dentro de um motel sozinho, bebendo cerveja quente — o lugar era uma espelunca que não tinha sequer frigobar — após uma terça-feira mal acabada com o fim do meu "casamento". Vale pontuar que eu e ela havíamos saído de casa para ir a um aniversário e estávamos vivendo um momento lindo, até eu colocar tudo a perder por um instante de euforia.

— Atualmente, vejo que sou alcoólatra desde os 12 anos, quando ingeri a primeira cerveja. A sensação foi magnífica. Beber era libertador. Eu conseguia fazer tudo que minha timidez não permitia. E isso perdurou (e perdura) até hoje, pois, apesar de todas as desgraças que o álcool me causou, ainda tenho pensamentos insanos de ir à primeira dose.

— Eu não precisava e nem queria beber todos os dias. Nunca levantei tremendo ou querendo outra dose. A imagem arquetípica do alcoólatra não cabia em mim — razão pela qual nunca suspeitei que tivesse essa doença. A questão era que, quando eu bebia, dava problema. Não todas as vezes, mas muitas delas. A matemática não era favorável, mas eu justificava minha condição de não alcoólatra pelas raras vezes em que conseguia me controlar. Fazia coisas e me arrependia no dia seguinte. Tinha apagões e arrependimentos intermináveis. Meus pedidos de desculpas se disseminavam tentando reavivar relações que tinham sido postas em risco com minhas atitudes grosseiras e agressivas (não fisicamente, mas de modo verbal). O problema é que as pessoas se cansam de desculpas.

— Sou refém dos meus desejos e prazeres. Só tenho a possibilidade de freá-los quando decido não ir ao primeiro gole. A questão é que, até eu aprender isso, muita coisa ficou pelo caminho, principalmente no campo afetivo.

— Quando olho para outros namoros, vejo o quanto meus incontroláveis desejos, libertados também pelo álcool, incendiaram qualquer possibilidade de algo florescer e ser cultivado. Minhas outras parceiras também bebiam, mas nunca da mesma forma que eu. A pergunta "E agora, vamos aonde?" era certeira no final de cada bar ou festa que eu ajudava a fechar. Não existia fim até que eu não aguentasse de sono.

— Apesar de tudo isso, tive uma tremenda sorte/bênção/ajuda de manter em pé coisas valiosas que hoje possuo, como já citei no primeiro parágrafo deste relato: o amor de minha família e meu atual relacionamento. Estou no meu 6º relacionamento, o 1º em sobriedade. Minha companheira também não bebe, o que é de grande valia.

— Após conseguir, através de um grupo de ajuda mútua, conter o ato de ingerir a primeira gota de álcool e, assim, evitar o desencadeamento da minha compulsão, tenho uma vida de paz. Consigo honrar meus compromissos, diminuir minha procrastinação, ser um companheiro amável, respeitar minha namorada, ser mais compreensivo com minha mãe — com quem, antes, tinha muitos conflitos — e reverenciar minha família. Atualmente, estou conseguindo estabelecer e manter vínculos saudáveis tanto no trabalho quanto na relação amorosa. Esse avanço modificou minha vida de forma profunda, uma vez que compreendi que vínculo é uma palavra-chave para toda espécie de relação.

— Se me dissessem, há dois anos, que eu conseguiria tudo isso e que, de quebra, voltaria a acreditar num Poder Superior, eu daria risada e diria que essa era uma vida que não valeria a pena. Hoje, eu agradeço por finalmente estar aprendendo a ser adulto.

***

Casar talvez seja o menor desafio. Manter-se casado pode ser laborioso em muitos momentos. Recasar com a mesma pessoa pode ser ainda mais difícil. Entretanto, manter a qualidade do amor, da presença, da atenção, do sexo, da cumplicidade, a despeito dos anos, é um sonho que pode ser construído. Pequenos gestos de amor, de bondade, de atenção, ser útil e solícito, ajudar nas pequenas tarefas e pedir perdão mesmo nos menores erros ajudam a dar qualidade para um casamento.

Podemos começar e recomeçar sempre. Podemos iniciar a reconstrução mesmo que tarde. Podemos arriscar novamente, ainda que cheios de dúvidas, e falhar mais algumas vezes. Mesmo assim podemos ter sucesso ou, no mínimo, resultados maravilhosos.

O sujeito maduro não se exclui do processo de aprender com as experiências vividas. Evita culpar a vida ou os outros pelas coisas que foram criadas por si mesmo. Procura olhar para si como um detetive que procura desvendar a origem, a trama, as provas e as possíveis soluções de um crime. Busca entender quais são seus mecanismos ainda incompreendidos, aqueles que fazem coisas desagradáveis repetirem-se insistentemente na sua vida. Cansou de ficar refém das mesmas armadilhas. Estuda a si mesmo. Quer se ver, quer se enxergar como realmente é. Se conseguir enxergar, poderá mudar.

A punição ou a consequência de não querer ver é o sofrimento das repetições, isto é, mais do mesmo. Como mudar algo que não foi percebido?

Crescer é assumir suas falhas tais como elas são, com naturalidade, sem dramas e sem achar culpados. Assim nos tornamos pessoas emocionalmente adultas. Evoluir é tornar-se uma pessoa melhor.

Ser adulto é não se deter e nem se entristecer muito com as incompreensões alheias. É entender que no mundo existem pessoas exigentes, irresponsáveis, ignorantes e, provavelmente, prontas para ferir. Um tanto dessas pessoas está bastante próximo e poderá causar ferimentos profundos. É apropriado ir até o limite das forças, prosseguir e não abandonar o posto. Seja qual for o lugar que se ocupa no mundo.

Não seria imaturo fugir das obrigações?

***

Fabiane terminara recentemente sua terceira relação afetiva quando veio buscar a terapia. Deixou claro, na sua narrativa, que a iniciativa foi dela na maioria dos términos. Desde a adolescência, ela tem sistematicamente terminado a maioria dos seus casos e relacionamentos: "Conheci pessoas maravilhosas, outras nem tanto, mas não tenho sorte nas minhas escolhas".

Nem sempre o fracasso é uma questão de sorte ou de má escolha. Por vezes, o que está atuando é somente a força do perfil abandonador.

Uma frase de Bert Hellinger, considerado o criador das Constelações Familiares, define e assusta. Em poucas palavras sobre relacionamento e amor, ele desconstrói ilusões: "Jamais encontrarás o amor da sua vida, porque o amor não se encontra: se constrói".

Para os românticos, pode ser uma frase que decepcione; para os que sonham que o amor é um paraíso de deleites e glórias sem fim, pode ser que frustre; para os que acreditam em vida fácil quando o tema é o amor, pode ser que entristeça.

Fabiane reconheceu que a ideia que ela tinha de amor era muito infantilizada. Via de regra, seus relacionamentos começavam bem. Tinham amor, química, atração sexual, cumplicidade, risos, festas, sentimentos agradáveis, saudades e tudo o mais que se tem no início de uma relação. Mas passava um tempo, de 6 a 18 meses, o encanto ia se acabando e ela perdia o interesse pelos seus parceiros. Aquilo que era tão maravilhoso morria aos poucos. Quando percebia que a relação chegava nesse ponto, sempre passava a régua e decretava o fim. Suas relações duraram no máximo 18 meses. Quando perdia o interesse, já estava olhando para outras direções, no caso, outros homens.

Envolveu-se também com homens casados que, acreditando nela, abandonaram seus casamentos para viverem uma grande história de amor. Entretanto, passado um tempo, o amor tão sonhado não acontecia e ela terminava sem muitas explicações. O argumento mais utilizado era que o amor tinha acabado, que aquilo que sentia tinha desaparecido lentamente, igual a uma vela cuja chama se apaga sem que nada possa ser feito.

— Acho que destruí uns seis relacionamentos ao todo. Seduzia, atraía, vivia a história, depois finalizava. Muitos me odeiam por isso, mas o que posso fazer? — comentou.

Fabiane iniciou duas faculdades e não concluiu nenhuma. Contou que iniciou cursos de inglês, de informática e de Técnico de Enfermagem, também sem concluí-los.

A dificuldade de fazer vínculos invalida a construção de coisas boas para si. É uma vida de insucesso.

— Ou de vários sucessos parciais — ela concluiu.

***

O vínculo nasce a partir da dinâmica construída na relação com os pais, especialmente com a mãe, uma vez que ela é o primeiro objeto de amor da criança. Se o bebê não se vincula à mãe, a capacidade de vincular-se com outros objetos de amor na vida adulta, de forma profunda e consistente, ficará muito debilitada.

Quem não tem uma boa relação com a mãe, com raras exceções, reduz a possibilidade de ter um relacionamento realmente feliz.

As pessoas que não desenvolveram um bom vínculo, uma boa relação com a mãe, serão as prováveis pessoas que desenvolverão a **personalidade abandonadora** ou alguns aspectos dela. Terão mais facilidades em abandonar os relacionamentos e, estatisticamente, são as que realmente mais abandonam e que possuem tendências a serem infiéis em comparação às que têm uma relação saudável com a mãe.

Quando esse apego não se constrói de forma adequada, a criança não se sente segura e terá sérias dificuldades para construir relacionamentos no futuro. Foi o caso da Fabiane, uma vez que o vínculo com a mãe nunca existiu da forma que poderia ou deveria ter sido. O dano foi enorme na vida dela e, por extensão, na daqueles que se relacionavam com ela. Ela não confiava facilmente nas pessoas e estabelecia crenças de invalidação para si. Fabiane abandonou situações muito promissoras. A capacidade de construir vínculos com pessoas e projetos (cursos, por exemplo) estava desestruturada.

É necessário resgatar a afetividade e construir um vínculo saudável com a genitora. Para um sujeito estar de bem com a vida, ele deve, necessariamente, estar em paz com seus pais. É fenômeno raro alguém ter a felicidade estampada gratuitamente em sua face se não tiver em paz com os seus genitores.

Os adultos que ferem hoje são as crianças que foram feridas ontem.

Atualmente, Fabiane encontra-se em terapia. Disse, com certo grau de desafio, que já abandonou vários tratamentos. Inicia, vai até o ponto em que começa a mexer com aquilo que a incomoda e abandona o tratamento.

— Estou me relacionando com uma pessoa interessante. Comecei a descobrir a gravidade do meu aspecto abandonador. Acredito que percebi algo que basicamente controlou toda a minha vida afetiva. Desta vez vai ser diferente — ela concluiu.

PERSONALIDADE ABANDONADORA VERSUS PERSONALIDADE ABANDONADORA

Imagine um relacionamento em que os dois envolvidos têm **personalidades abandonadoras**.

Como um romance entre duas pessoas que estão com a capacidade limitada para estabelecerem vínculos pode ter longevidade? Qual a chance real de construírem um amor saudável e especialmente duradouro?

Nesse tipo de relação sempre paira uma intranquilidade no lar. Quando não é um, é o outro que deseja romper a relação. Ambos têm dificuldades de reconhecerem que possuem aspectos tóxicos.

Ameaçar o cônjuge com frequência dizendo que irá embora, que não quer mais a relação, que "Assim não dá mais", deixando a mala em local visível como objeto intimidante... não seria isso crime? Não seria bullying grave? É cabível pensar que sim, porque toda situação ameaçadora gera sofrimento contínuo. Ambientes em que ameaças pairam no ar são ambientes hostis e especialmente tóxicos.

Quantas relações frustradas pode ter uma pessoa com **persona-**

lidade abandonadora? Alguém com esse tipo de perfil tem força suficiente para destruir uma relação. Quando os dois parceiros têm essa personalidade, dificilmente o relacionamento sobreviverá sem terapia. Hão de recorrer com frequência aos consultórios para entender a vontade de separar-se, que muitas vezes são fugazes porém recorrentes. Existe um conflito interno profundo entre a vontade de ir e a responsabilidade de ficar.

Várias linhas terapêuticas podem auxiliar no processo da construção e solidificação de vínculos. Mapear as dificuldades, descobrir caminhos, encontrar respostas, criar novas conexões, resolver questões e atenuar traumas são alguns dos outros benefícios das terapias. Não precisamos acertar todas as vezes. Devemos aprender com as lições vividas, lidar com as decisões tomadas e recomeçar sempre. Há quem jure que as respostas estão nos recomeços.

Sempre é tempo de recomeçar.

É gratificante, mesmo que seja dolorido, descobrir as tramas da própria história, as motivações inconscientes dos porquês de algumas coisas não darem certo. Descortinar o passado saboreando cada descoberta é realmente incrível. Talvez seja interessante viver um dia de cada vez e compreender que não há dia especial, mas que cada instante vivido é uma dádiva que devemos desfrutar com alegria e entusiasmo, ao invés de viver por viver.

Ao progredir, nunca esqueça de manter a simplicidade.

CAPÍTULO 3
PERSONALIDADE NÃO COLABORATIVA

"Certa vez, uma criança apaixonada confessou ao seu amor:

— Eu a amo.

— Como os adultos? — questionou sua pequena amada.

— Não, de verdade! — completou."

Autor desconhecido

Em geral, as pessoas têm uma natureza boa, não são necessariamente más. Uma forma de olhá-las é como se fossem um bolo com centenas ou até milhares de fatias. Essas fatias são os aspectos, os padrões de sentimentos e de comportamentos que um indivíduo desenvolveu ao longo da sua vida. Tais aspectos não evoluem de forma idêntica, não amadurecem de maneira uniforme. Isso implica deduzir que algumas dessas características são maravilhosas, incríveis, enquanto outras nem tanto.

As melhores fatias são aquelas que, por alguma razão, a pessoa teve recursos para aprimorar mais. Alguns dos fatores que poderiam ter ajudado na qualificação vieram da boa genética, do tipo de infância que teve, dos fatores ambientais ou da vontade própria de querer melhorar. Outras fatias desse fabuloso bolo que compõe o ser humano não puderam se desenvolver de forma tão positiva por razões de genética ruim, infância difícil e danosa, um meio não favorável, pobrezas diversas, fome e outras tantas mazelas.

O que ocorre com o ser humano é que todas esses aspectos estão reunidos dentro de cada um. Segundo a Neurociência, temos mais de quatro mil dessas fatias, entre as saudáveis e as não saudáveis. Nesse ponto começa uma demonstração da real natureza do que somos feitos: do bem e do mal. A coisa fantástica e desafiadora é saber que ambos estão dentro de nós, nunca fora.

O mal, psiquicamente falando, é a manifestação das características menos desenvolvidas.

É só isso. E tudo isso.

Algumas dessas fatias-características-comportamentos são ainda primitivas ou próximas disso. Existem em número muito expressivo. São maléficas, tóxicas, rudes, cruéis com os outros e consigo também. É a representação psíquica do mal. Por isso que as religiões, todas elas, afirmam que somos e temos luz e sombra. A todo momento, ora manifestamos a luz, ora a sombra. No campo mais primitivo, denso e materializado, manifestamo-nas nos comportamentos. Em um plano mais elaborado, imaterial e etéreo, manifestamo-nas em pensamentos e sentimentos. O trabalho de todas as terapias, não importa a linha que se siga, é trazer o inconsciente para a luz, para a consciência. Permitam-me uma consideração: algumas pessoas acreditam que tal teoria é melhor que a outra. Isso não existe. Tanto os terapeutas quanto os pacientes dão-se ou identificam-se melhor com uma técnica do que com outra. O ser humano é complexo demais para enquadrá-lo somente numa linha terapêutica. O resto é bairrismo acadêmico, disputas narcisistas de poder, tal qual algumas religiões fazem. Querem convencer que tal caminho é mais curto ou mais seguro para chegar até Deus. Pode ser sensato pensar: se todos estamos aqui é porque ainda não O encontramos em definitivo. O simples fato de existir uma identificação com essa ou aquela linha terapêutica ou religião automaticamente faz com que o sujeito considere que tal teoria ou crença seja melhor ou mais eficiente. É pueril crer que tal linha ou tal religião seja a melhor.

Quem entendeu o funcionamento do mecanismo também compreendeu que quem realmente faz o resultado acontecer é o paciente. Se o melhor médico, por exemplo, indicar o melhor tratamento, aliado a um medicamento de última geração, mas o paciente não fizer a parte que lhe cabe fazer e o que está prescrito, vai tudo por água abaixo.

O papel das terapias é nos auxiliar a enxergar nossas sombras para aprendermos a lidar e conviver com elas, modificando-as quando possível.

À medida que crescemos vamos nos dando conta de que os resultados mais desastrosos que obtivemos foram criados por nós mesmos. Todos nós carregamos os fardos das nossas próprias escolhas. Crescer, em última instância, é assumir que tudo o que temos e somos é de nossa inteira responsabilidade, sem querer usar os remédios do vitimismo ou da terceirização da culpa.

Um recurso adulto para olhar para o que construímos é a autorresponsabilidade. Amadurecer significa ter um controle melhor sobre o que é nosso: nossos impulsos, nossos sentimentos e nossos comportamentos. É ser mais senhores da nossa vida e do nosso destino. Esse é um dos grandes propósitos da terapia.

Ah, se fosse tudo tão simples assim. Comportamentos são como vícios, drogas, entorpecentes. Ingênuo é quem pensa que é processo simples um sujeito largar a droga que tanto curte, largar o cigarro junto com o café, a cervejinha tão relaxante após um dia exaustivo, a maconha junto aos amigos ou o doce delicioso.

Tanto os vícios quanto alguns comportamentos podem ser extremamente danosos!

Nem todos pensam assim. É um direito pensar diferente. Mas, ao fazer uma análise mais profunda, é óbvio que toda droga tem suas consequências.

Comportamentos são como entorpecentes e não é processo fácil transformá-los. Os que acham simples estão até hoje repetindo os mesmos comportamentos. Mas a verdade é que é possível, sim, modificar aspectos de si dos quais não se gosta, especialmente para os comprometidos com o processo da mudança.

O fato de fazer terapia não significa comprometimento verdadeiro com as pretendidas mudanças.

A partir do momento em que decidi escrever este livro, comecei a me interessar de forma diferente por alguns detalhes das histórias dos pacientes divorciados. Iniciei uma espécie de coleta de dados, uma pesquisa de campo para fins estatísticos que iria corroborar com os temas que estava pensando em escrever. Então, comecei a observar, escutar e registrar, para relatar posteriormente sobre as forças destrutivas que uma pessoa de **personalidade não colaborativa** pode possuir. Na maioria das vezes ela nem se dá conta ou acha que não é tão relevante.

É um erro grave não perceber o mal que se causa às pessoas e à sociedade.

Criei o termo **personalidade não colaborativa** após observar milhares de sessões em que inúmeras pessoas demonstram apresentar esse tipo de personalidade. Não são poucas. De alguma forma elas são do contra: contra a vida, contra o progresso, contra o fluxo, contra uma ideia diferente da que aprendeu, contra a ordem, contra a mudança. As pessoas do contra mal sabem que são contra o amor.

Você vai encontrá-las em todos os ambientes: no grupo de trabalho do colégio, no setor de uma empresa, no cargo de chefia, na política, na religião. Pode ser um irmão, um filho, um cônjuge, os pais etc.

Podemos encontrar pessoas de personalidade não colaborativa em toda parte. São essas que trancam o progresso em diversas áreas. Por alguma razão, elas existem. A dificuldade está em entender o motivo de algumas coisas estarem por aí perambulando em todas as realidades observáveis. Tudo o que existe é provavelmente para expandir nossa visão evolutiva sobre os eventos e fenômenos. Há um simbolismo interessante a se observar: quando pedimos força a Deus, Ele nos dá batalhas para enfrentar. Quando pedimos que nossa fé seja fortalecida, Ele tira algo que tem muita importância para nós. Quando pedimos que nossa solidariedade seja amadurecida, em breve uma catástrofe próxima de nós pode acontecer, "obrigando-nos" a participar ativamente do evento e assim por diante. Estranhos esses mecanismos Divinos, mas parece que funcionam!

O QUE TEMOS QUE APRENDER COM ESSE TIPO DE PERSONALIDADE?

Quantas histórias reais de pessoas doentes do comportamento, teimosas, orgulhosas, resistentes, que evitam ser colaborativas e se transformam em verdadeiras espoliadoras da felicidade alheia poderiam ser narradas por diferentes terapeutas. Egoístas e cegas, não percebem a necessidade dos que estão perto. Machucam, ferem, exigem, recusam-se a crescer.

Quando negamos uma realidade, a solução também nos é negada. Para as pessoas de **personalidade não colaborativa** falta empatia e responsabilidade. Um comportamento rebelde e resistente é o suficiente para o término de um casamento e, por consequência, para a destruição de uma família. O destino de todos são afetados devido aos comportamentos de algumas pessoas. Como isso é possível? O que os detêm? O que os move para essa direção?

É certo que encontramos essas fatias-características em bilhões de pessoas no mundo. Desde que existem pessoas no planeta, encontramos **personalidades não colaborativas.**

Esses aspectos podem ser compreendidos como não evoluídos e atrapalham a vida dos que querem crescer, avançar, progredir. Quando lançamos um olhar global sobre essa força destrutiva, não fica difícil compreender porque a humanidade evolui tão lentamente.

Essas pessoas não conseguem promover debates discordantes porém construtivos. Elas literalmente atrapalham o progresso, criam contextos e situações infelizes para os outros, dão trabalho, fazem o mal conscientemente, não têm empatia e por aí afora.

O mal que existe no mundo é a soma dos aspectos de todos, que, juntados globalmente, geram incontestável força. Cabe dizer que todos contribuem!

PERSONALIDADES NÃO COLABORATIVAS TÊM CURA?

Todos os comportamentos humanos são passíveis de tratamento. Toda mudança requer o reconhecimento da necessidade de mudar, de perceber que possui comportamentos danosos para si e para o sistema familiar. É o primeiro e mais importante passo.

Enquanto o sujeito se sentir em harmonia com o que faz, não gerando sofrimento a si (egossintônico), não existe possibilidade de mudança. Quando o sujeito entra em conflito ou está desarmônico (egodistônico) e desconfortável, há possibilidade de mudança. A ajuda terapêutica é imprescindível.

Adiante, algumas narrativas resumidas da história real de pacientes clarearão o quanto esse tipo de personalidade afeta o relacionamento. Vidas e casamentos destruídos, famílias desorganizadas, futuros incertos, danos irreversíveis com suas graves e inevitáveis consequências. Os nomes e detalhes foram modificados a fim de preservar o sigilo dentro do processo terapêutico.

MARIA JOSÉ

O motivo principal da separação de Maria José foi que seu esposo roncava alto todas as noites. No começo parecia bonitinho, mas com os anos foi se tornando insuportável e enlouquecedor.

— Parecia um pinto com asma — ela disse.

Juro, tentei não rir. Não consegui. Tentei imaginar como seria um pinto com asma, isso eu consegui. Ri novamente. Daí, parei de rir. Maria José precisava prosseguir e eu já estava começando a atrapalhá-la, mas foi dessa forma que ela descreveu o ronco do Pedro Antônio, seu marido. Foi hilária a sessão. Alguns pacientes têm o dom de me fazer rir. Alguns até dizem: "Eu pago para você rir". Claro que eles riem juntos e o riso faz parte do processo. O choro parece que não, conforme a linha terapêutica. O choro é um fenômeno natural e positivo na relação com o paciente, mas se o terapeuta chorar frequentemente ou mais que o paciente, provavelmente deve levar o tema às suas próprias sessões.

Durante o processo terapêutico, sugerir ideias, criar estratégias, dar sugestões, indicar que o cônjuge também busque socorro para aquilo que está atrapalhando a vida conjugal etc. faz parte do processo.

Maria José fez tudo o que a terapeuta dela indicou na época. Como ela estava adoecendo, tentou de todas as formas que o esposo buscasse ajuda, fosse ao médico, fizesse exames, procurasse socorro: "Já que não quer ir a médicos, vá aonde quiser, mas vá. Quer ir numa benzedeira, em um pai de santo, dar sete pulos nas ondas do mar (lembrei que esse ritual se faz no Ano-Novo, rimos juntos dessa vez), tomar santo-daime? Não me importo. Faça o que achar melhor, mas faça! Nosso casamento vai acabar se você não buscar ajuda e, pelo jeito, você não está se importando nada com isso".

A qualidade do sono da Maria José era péssima há muito tempo. Nos últimos anos, o ronco do seu marido só aumentou. Tentaram dormir em quartos separados, mas ele não aceitava. Ela teve que ir ao psiquiatra tratar sua insônia crônica provocada pelo ronco do marido. Essas noites mal dormidas causaram um aumento exponencial da sua ansiedade, e essa ansiedade trouxe a depressão. A rigor, todas essas patologias foram causadas ou reforçadas porque seu marido se recusava a pedir ajuda. Quanta falta de empatia! Pedro Antônio perdeu seu casamento, mesmo não querendo. Seu esposo sofreu muito, segundo ela, mas mesmo assim nunca foi procurar ajuda.

Ela cansou de pedir, de implorar, sem ganhar atenção alguma. Talvez devesse ter dado um basta antes de ficar doente. Ele poderia ter salvado o casamento? Sim.

Pessoas com **personalidade não colaborativa** são resistentes a mudanças.

FRANCISCA CÂNDIDA

Quando Francisca Cândida se separou, tinha 25 anos. Ambos eram jovens demais quando se casaram. Namoraram e após vários descuidos no sexo, engravidaram. Moraram juntos até a filha completar dez anos. Segundo ela, durou bastante:

— Ele era imaturo. Acho que nunca entendeu o que era ser casado. Saía normalmente quase todas as sextas-feiras, jogava o futebol dele e voltava de madrugada. Nos sábados também jogava futebol pela manhã, fazia churrasco e bebia durante toda a tarde com os amigos. Chegava em casa sempre alcoolizado e precisava dormir para reparar o desgaste. Quase nunca saíamos numa sexta ou em um sábado para jantar fora, somente eu e ele, com amigos ou com familiares. Raras foram as vezes, em dez anos de casados, que eu pude desfrutar de um sábado à noite com leveza e prazer.

— Busquei terapia por muito tempo para poder empurrar esse casamento até encontrar o melhor momento para me divorciar. Esperei pacientemente até que nossa filha fosse um pouco maior. Também sabia que eles se gostavam muito, mas nem o amor pela filha o afastou das coisas que fazia. Ele se recusava a mudar de atitude. Passei anos avisando que eu não estava feliz com o casamento.

— A insensibilidade e a imaturidade impediam que ele se colocasse no meu lugar. Um dia, encorajei-me e pedi o divórcio. Ele não aceitou, queria uma chance. Respondi que já tinha dado mil chances e que a decisão já estava bem amadurecida.

— Ele perdeu o casamento e o convívio diário com a filha que tanto amava. Na verdade, todos perderam. Ele continua jogando e se alcoolizando ainda mais do que antes. Comentam que está fazendo a mesma coisa com a segunda esposa. Fui muito julgada pelos pais dele pela separação.

Quando os pais passam a mão na cabeça do filho, estão validando e apoiando o que esse filho faz. É óbvio que não seria um processo fácil mostrar algo para alguém que não está disposto a ver, porém o óbvio precisa ser dito.

Pessoas com **personalidade não colaborativa** são autodestrutivas.

JANE

Jane separou-se ainda quando suas duas crianças eram pequenas:

— Meu esposo era sonhador e irresponsável nos negócios. Vivia enrolado em dívidas financeiras. Recebeu uma herança considerável dos pais, mas em cada negócio que fazia perdia um "pedaço" da dita herança. Nunca me deixava participar das negociações ou opinar sobre elas.

— Em poucos anos foi construtor, investiu numa garagem de carros usados, apostou na bolsa de valores, comprou criptomoedas de uma empresa duvidosa (o que se confirmou depois) e tantos outros negócios sem estudar se eram viáveis ou não. 'Sigo meu instinto', dizia ele. Eu desconfiava daquele instinto. 'Jamais vou querer um instinto desses para mim', pensava com meus botões. Rogava que ele fosse procurar por um consultor financeiro, percebia que faltava lógica nos seus investimentos.

— Alertei que, se não mudasse, não ficaria mais com ele. A gente vivia em pânico, em um mundo de incertezas. Depois de certo tempo, comecei a achar que poderia ter um outro tipo de vida. Ele me mandava calar a boca e cuidar da minha profissão. Foi o que eu fiz. Investi mais no meu trabalho e obtive um bom retorno financeiro, o que me dava mais liberdade para escolher um futuro melhor para mim e para nossos filhos. Nossos é uma maneira de dizer, já que ele não se importava muito com as crianças, só tinha olhos para os catastróficos negócios.

— Procurei seus pais pensando em obter algum tipo de auxílio, contudo o que recebi foi um sonoro não. Disseram que o filho não ouvia ninguém e que não queriam se meter. Mas eu sabia o que estava por trás desse 'não querer se meter'. Eram uns frouxos, tinham medo do filho e pavor de não verem mais os netos, já que ele tinha ameaçado certa vez em um de seus surtos que não deixaria mais as crianças conviverem com eles. Naquele momento percebi que eles não podiam me ajudar em nada. Acho 'o fim' pais terem medo de seus filhos. O fim!

— Como era de se presumir, ele perdeu toda a herança e nunca se firmou em nenhuma profissão. Bom, a partir daí sofremos vários tipos de constrangimentos: estranhos batendo na porta cobrando dívidas, ameaças, o alcoolismo se fazendo mais presente e a agressividade tomando proporções intoleráveis, fora o desrespeito comigo e com os filhos.

— De tanto pensar, um dia percebi que iria sofrer menos longe dele. Optei pelo divórcio, por outra possibilidade, por mim mesma. Pedi a separação, mas ele não concordava, ameaçava me matar e matar as crianças. Demorei para conseguir minha alforria, palavra esquisita, mas foi o que denifiu finalmente estar livre daquele suplício. De verdade, foi um longo processo, mas com a ajuda de psicólogos e advogados, eu consegui. Para mim foi uma vitória. No geral, estamos bem melhor assim. Hoje temos paz.

A arrogância, que é uma das características da **personalidade não colaborativa**, para algumas criaturas extrapola o limite do bom senso.

Pessoas com **personalidade não colaborativa** têm pouca empatia.

JOÃO

João contou como foi sua dolorida separação:

— Eu amava demais minha esposa desde o primeiro minuto que a vi. Fazia tudo por ela, ajudava-a em todas as tarefas da casa e a socorria, com uma frequência maior do que eu desejava, nos apuros financeiros em que se metia. Ela comprava muitas coisas. Praticamente tinha uma loja completa em casa de tanta roupa abarrotada no seu guarda-roupas.

— No início, era bastante vaidosa e cuidadosa com seu corpo, frequentando a academia várias vezes por semana. Não tínhamos filhos, embora quiséssemos muito. Ela reclamava do seu trabalho dizendo que ganhava muito pouco. Certa vez, me surpreendeu com a notícia de que tinha pedido demissão do seu emprego. Era funcionária pública e seu salário não era tão miserável quanto ela afirmava. Eu fiquei estarrecido com o comunicado, já que não tínhamos conversado conjunta e seriamente sobre o assunto.

— Já tinha um tempo que ela não estava muito bem. Sugeri que fosse à procura de uma terapia. Ofendeu-se profundamente dizendo que não estava louca. Ficou longos meses trancada estudando e fazendo vários concursos, mas devido à elevadíssima concorrência, não logrou êxito naqueles que ela almejava.

— Deprimiu-se, ganhou mais quilos do que gostaria e, aos poucos, foi trocando os livros pelos filmes e séries. De tanto eu insistir, aceitou ir buscar ajuda com um psicólogo e com um psiquiatra. Recusava-se a tomar as medicações prescritas pelo médico e evitava remarcar as consultas com o psicólogo. "Só querem me dopar", alegava. A coisa toda só foi piorando. Começou a me evitar sexualmente, alegando que estava sem libido. Mesmo estando acima do peso, gastando um dinheiro que não tínhamos, evitando-me sexualmente, fugindo dos tratamentos, sendo relapsa com o uso dos medicamentos, eu continuava desejando-a e amando-a. Ela mencionava que era infeliz no casamento, apesar de eu achar que fazia de tudo para deixá-la bem. Cuidava mais dela do que de mim. "Você cuida demais dela", todos me alertavam.

— Ela começou a sair com um pessoal estranho que usava drogas; eu pedia que trocasse de turma. Ela abandonou os velhos amigos e passou a investir somente nessa nova turma. Começou a usar drogas (achei os apetrechos de quem usa maconha). Começou a fumar cigarros também.

— Fui me decepcionando e me frustrando tanto que fui procurar ajuda para salvar nosso casamento, se é que dava para chamar aquilo de casamento. Ela ria de mim. Não quis nenhum tipo de ajuda. Acabei mudando o foco do tratamento e comecei a trabalhar minha autoestima para sair dessa relação tóxica. Com o tempo e com as terapias, percebi meus erros. Sofri demais porque continuava a amando e, por fim, separei-me gostando dela. Fui embora olhando para trás como se uma parte minha não quisesse ir. E não queria mesmo. Com a ajuda dos tratamentos, reinventei-me e hoje tenho uma nova vida, um novo lugar, novos ares e sigo procurando ativamente por um amor.

Milhões de pessoas são imaturas para relacionamentos e não reconhecem que são. Outros tantos milhões de indivíduos são imaturos, reconhecem-no, mas se recusam a pedir ajuda. Diariamente, sociedades de toda espécie são desfeitas, justamente porque muitos caminham altivamente como adultos, mas se comportam como crianças mimadas.

Pessoas com **personalidade não colaborativa** recusam-se a tornarem-se adultas.

MARIA SALETE

Maria Salete, mulher inteligente, independente e mãe de dois filhos, relatou como se deu o processo do divórcio com seu esposo:

— Um sedutor convicto e incurável. Desde o namoro descobri algumas traições às quais não dei muita importância. Sempre relevei, desconsiderei. Amava aquele infeliz e achava que um dia ele mudaria.

— Durante o noivado também descobri que ele teve um envolvimento com uma garota comprometida e que a coisa ficou feia para o lado dele. O namorado da moça o ameaçou, e ele sumiu por uns tempos. Ele me convencia de que as garotas é que davam em cima dele, e que ficava encurralado sem saber o que fazer. Eu desconfiava que era mentira, mas sempre acabava sendo convencida por ele de que tudo era uma bobagem. Não acreditava no ditado: pau que nasce torto...

— Nem eu nem ele imaginávamos que esse aspecto de Don Juan fosse dar tanto trabalho para a nossa vida. Não deu outra. Certa vez se envolveu com uma colega do trabalho onde lecionava e, como não era permitido envolvimentos emocionais no ambiente de trabalho, foi suspenso por alguns dias. Como morávamos numa cidade pequena, logo vieram me contar sobre o ocorrido. Pressionei e ele acabou confessando, chorou copiosamente e admitiu que precisava de ajuda. Mas isso depois de horas de uma boa DR (discussão de relação).

— Lembrei que esse sempre foi o único problema do casamento e que nunca houve outro. Conversamos muito e decidi dar uma derradeira chance. A última. Fomos para a terapia de casal e ele parecia estar melhorando. Alguns meses depois, recebemos alta do tratamento, só que não precisou de muito tempo para descobrir que ele estava aprontando de novo.

— Pedi a separação. Ele não aceitou, mostrou-se arrependido novamente. Disse que faria qualquer coisa para salvar nosso casamento. De joelhos, reconheceu que era doente e que eu não podia abandonar ou destruir uma família. Patife! Cara de pau! Foi para a terapia antes de mim e pediu que a psicóloga me chamasse. Não fui. Eu estava resistente agora. De tanto apanhar emocionalmente fiquei mais dura, tipo coração de pedra. Acho que foi o jeito que tive para poder sobreviver.

— Que amor bandido é esse que machuca, que não cessa de cometer os mesmos erros? Lembrei que o pai dele era assim também. Que raiva daquele velho sem-vergonha que ensinou isso para o filho. Deu-me uma tremenda vontade de matar aquele velho abestado.

— A terapeuta ligou novamente. Chorando, ele pediu outra oportunidade. Eu não entendo as mulheres — ela disse, rindo de si mesma —, os homens choram e "elas" emburrecem. Basta uma choradeira e a gente fica idiota. Lá fui eu de novo. Mais sessões de terapia de casal. No meio do tratamento caiu uma bomba no meu colo. O marido de uma pessoa com quem ele estava saindo bateu nele. Era o que eu precisava, a força que eu não tinha veio até mim diretamente do céu. Ele nem entrou em casa direito. Arrumei as malas com muita dor no coração. Permiti-me por um tempo nem ouvir a voz dele para não cair nas garras daquela língua sedutora e doente. Livrei-me do traste! Deus sabe o quanto eu tentei fazer esse casamento dar certo. Demorou, mas hoje estou bem.

Pessoas com **personalidade não colaborativa** são reincidentes.

***

Hoje a ciência afirma que a Terra é um organismo vivo e reativo. Cabe dizer, então, que tudo o que damos a ela, ela nos dá também. Se afetarmos a sua natural trajetória evolutiva, ela também afetará a nossa. Somos feitos da mesma natureza. Nosso corpo é feito de um amontoado de elementos buscados e arranjados na natureza do planeta Terra e configurados na perfeita medida para a sua formação. Carbono, Cálcio, Fósforo, Nitrogênio, Água, Enxofre, Cloro, Sódio, Potássio e metais são apenas alguns dos elementos que tomamos emprestados do planeta Terra para prosseguirmos na nossa jornada rumo a uma evolução infinita.

Estamos na Terra, logo, pertencemos à Terra.

Quando a Terra reage às nossas nocivas atitudes, seria vingança, justiça ou uma simples consequência?

CAPÍTULO 4
MODELO E LEGADO

"Não perca tempo olhando para trás. Você não está indo por esse caminho."

Ragnar, Vikings

Todos nós possuímos um modelo próprio de expressar e de receber amor. Cada um traz dentro de si arquétipos, protótipos ou referências de como deve amar. Basicamente a maioria de nossos modelos vieram do ambiente da infância, isto é, dos nossos pais, da família de origem. Também os principais problemas que ocorrem hoje dentro do nosso relacionamento provêm da carga que recebemos da nossa família e de como ela se relacionava.

Devemos estudar como nossos pais se relacionavam se queremos que nossa história seja diferente da deles naqueles aspectos dos quais não gostamos.

Muitos pais têm um relacionamento invejável, maravilhoso, e esses deveriam ser modeladores para outras gerações. Entretanto, a maioria não apresenta um bom modelo a ser seguido. O que cabe a nós? Devemos observar e estudar os modelos que herdamos para criar o nosso próprio a partir do que eles tiveram de melhor. Dessa forma, podemos contribuir com as gerações seguintes munidos de modelos aprimorados. Caso contrário, seremos fortes candidatos a repetir a história deles. A menina repetirá a história da mãe e o menino a do pai. Não é regra, mas o percentual é bastante alto.

O que os pais não conseguiram resolver no campo dos sentimentos, deixarão para seus filhos como herança. Eles foram até um ponto, até onde conseguiram. A partir desse ponto, fica para os filhos o papel de continuar o melhoramento dos aspectos menos desenvolvidos. As heranças não são somente materiais: existem heranças de comportamento, de como expressar os sentimentos, de formas de brigar, de trabalhar, de criticar, de lidar ou de educar os filhos, de gerenciar o dinheiro, de adoecer, de tratar as pessoas e tantas dezenas, centenas ou milhares de outras heranças. Somos cópias delas.

Somos metade mãe e metade pai.

As pessoas têm diversas formas de demonstrar afeto e, obviamente, essa demonstração é diferente do modelo apresentado pelo cônjuge, pois este veio de outro sistema familiar, em que os valores eram outros. Basicamente, ninguém tem a mesma linguagem afetiva, uma vez que os pais de um têm concepções e conceitos diferentes dos pais do outro. Cada um segue o seu sistema de origem. Segundo o escritor Bert Hellinger, por lealdade familiar e pelo direito de pertencer, observamos como nossos pais se comportavam e repetimos seus comportamentos e, por consequência, suas histórias.

Repetir comportamentos dos pais é repetir suas histórias e seus destinos. Há destinos bons e ruins. A pergunta não é qual queremos seguir, e sim qual já estamos seguindo. A maior parte dos problemas encontrados nos relacionamentos atuais são os mesmos que se deram na relação dos pais.

A princípio, repetimos os modelos que conhecemos. Dificilmente se reproduz um modelo que não se conhece. Para nos darmos bem no nosso casamento devemos vasculhar o sistema do parceiro ou da parceira e suas origens. E, claro, o nosso também.

Se temos conhecimento hoje de qualquer assunto e se nos tornamos eficientes, foi porque no passado investimos tempo e dinheiro para construir essa capacitação. Quem não estuda e não observa as dinâmicas, as mudanças e o itinerário que seu relacionamento está seguindo corre o risco de perder-se no caminho ou de tornar-se refém, ao invés de autor, do destino e da história da relação.

Ou tomamos as rédeas de nossas vidas, ou vamos terceirizar para que outros o façam. Ou somos nós que escrevemos o livro de nosso destino ou teremos que acatar o roteiro que outros escreveram para nós. Ou criamos nosso legado ou repetimos os destinos já vividos anteriormente por membros de nossa família.

As patologias não compreendidas e não curadas serão repetidas.

Somos seres sociáveis, necessitamos do outro para evoluir e crescer. É bom lembrar que pouco crescemos sem relacionamentos. Sozinhos também caminhamos, mas o passo é mais lento para chegarmos ao caminho do progresso afetivo.

O amor é exercício, treino, rotina, dedicação e espera. Não amadurecemos em tempos iguais. Uns entendem melhor a dinâmica da vida e dos relacionamentos do que outros. Procuram tirar proveito de cada evento para crescer; não lastimam e reclamam pouco. Tudo, para essas pessoas, são experiências necessárias para completar sua jornada em direção à maturidade. Entendem que tudo está certo o tempo todo, embora sofram com algumas das coisas vividas. Participam realmente da vida, aceitam-na como ela é e acatam seus desafios.

É dito que crescer não é somente fazer aniversário e que a idade não é garantia de maturidade.

Para os que se recusam a aprender, pouco importa ler as entrelinhas da vida, dos fatos, a linguagem subliminar que a todo momento passa diante de nossos olhos. Quantas pessoas com idade avançada ainda se recusam a se tornarem adultas, preferindo ser eternos adolescentes? Mas não no sentido da alegria e da jovialidade, e sim no aspecto pueril da adolescência? Não parece que ficaram presos àquela idade dourada, necessitando de limites e freios, e que, se deixados sozinhos, arrumam confusão, metem-se em frias ou criam problemas para os outros resolverem?

Quantos passam uma vida reclamando das desordens que eles mesmos criaram?

Precisamos observar como está construída a nossa relação com os pais, afinal eles são a base de tudo o que temos e de tudo o que não temos. Nossa história afetiva, no que se refere a relacionamentos, está diretamente ligada a como construímos nossa relação com eles. Significa dizer que, se estamos preenchidos de pai e de mãe, realmente estaremos aptos a ter um relacionamento adulto no que diz respeito ao equilíbrio no dar e no receber. Caso falte amor de pai ou de mãe, sem perceber cobraremos e exigiremos do cônjuge exatamente o quanto e aquilo que faltou deles.

É visível na terapia de casal o quanto um ou ambos são cobrados pelas ausências da infância de cada um. "O que não me deram antes, eu exijo agora". São fenômenos perceptíveis a uma mente treinada para ver. Para ser mais exato, os dois têm de ter uma boa relação construída com seus pais para que o casamento possa avançar com segurança e leveza.

Caso a mulher tenha carência de pai, ela verá no seu esposo um pai. É o suficiente para que a relação não tenha maturidade, já que será um peso para ele. E a esposa se tornará uma filha. Então teremos uma relação de pai e filha, e não de marido e mulher. Da mesma forma, quando o homem tem carência de mãe, ele buscará transformar a mulher em mãe. Ele é filho, e ela, mãe. Isso tira a força da relação. Essa relação se tornará disfuncional e entrará em processo de desordem. Estar casado com uma mãe ou com um pai não trará saúde para esse relacionamento. Nesses casos, poderá haver muita frustração, uma vez que as pessoas não estão nos seus devidos lugares ou papéis: no de homem e no de mulher. Geralmente, as expectativas são criadas porque alguém espera ou exige que o outro dê algo que não é da sua função ou do seu papel.

Essa expectativa inicia-se na infância, quando os filhos esperam muito de seus pais, e vai se perpetuar na vida adulta. Existem filhos que pensam que pai e mãe são doadores de forma infinita. Isso não é possível. Alguns exigem tanto de seus pais justamente por acreditarem nisso, por viverem o conceito de que os pais devem tornar satisfeitas todas as suas vontades. É um erro grave pensar dessa forma. No mesmo caminho, existem pais que caíram nessa armadilha que eles mesmos criaram. Se não criaram conscientemente, deixaram que isso tomasse corpo de tal forma que fica difícil de controlar. Essas pessoas irão continuar exigindo que o mundo e que as pessoas deem sem fim, tornando-se pedintes exigentes. Isso provavelmente não acontecerá e as expectativas criadas irão se transformar em um campo minado de frustrações.

Para essas pessoas, o marido e a mulher serão vistos como pai ou mãe. Não é isso que se espera de uma relação adulta. O que se espera, então? Que ele seja homem, e ela, mulher. Que cada um cumpra com seu papel. Apenas isso. Basta ser suficientemente bom; não há necessidade de ser excelente o tempo todo, até porque isso não será possível.

É importante perceber que, se temos um pai ou uma mãe em vez de um marido ou de uma mulher, não estaremos completos.

Ademais, quando estamos "casados" com um pai ou com uma mãe, é bastante comum surgir uma relação extraconjugal. Busca-se fora aquilo que falta para que a completude aconteça. Sempre quando um terceiro elemento entra em um relacionamento é para completar algo que falta para um dos dois, ou para ambos.

Às vezes não se está à procura de sexo, até porque esse aspecto pode estar saudável na relação. Busca-se, então, um homem ou uma mulher para um relacionamento ou somente para casos eventuais. É recomendado que o casal trabalhe essa questão para que elementos sabotadores não entrem na relação.

A necessidade é um dos grandes fatores motivacionais pelos quais as pessoas se relacionam. É o que move o mundo e todas as relações.

Logo, quando estivermos completos, isto é, resolvidos com nosso pai e nossa mãe, estaremos prontos para uma relação adulta. Dessa forma, iremos buscar o que nos falta: o amor de uma mulher ou de um homem. Assim vamos para a vida; vamos para o mundo em busca daquilo que pode nos completar.

Alguns entram em um relacionamento pensando em receber; outros, buscando que suas demandas e carências sejam atendidas. Outros, ainda, entram para atender a necessidades diversas: biológicas, financeiras, psíquicas. Pode ser que entrem devido à necessidade de pertencer a um sistema, de ter uma família, de dividir o peso da vida, de contribuir com a própria felicidade; ou mesmo devido à fome de afeto; ou em nome de uma melhor qualidade de vida; ou para dar e receber amor; ou por necessidades emocionais... e assim por diante.

Para um relacionamento ser promissor é necessário que ambos façam alguns sacrifícios, inclusive doar-se para o outro e para a relação.

Talvez, em um período, um dê mais em virtude de o outro não poder naquele momento. Inclusive financeiramente falando. É assim mesmo. Numa outra época, o outro compensa de alguma forma. Assim, o equilíbrio entre dar e receber, grande fator regulador dos casamentos, segue firme junto com o casal.

Há homens que não toleram ver a parceira ganhando mais dinheiro que eles. É demais para alguns. Inventam várias desculpas e criam situações para deixarem a relação ou serem expulsos dela.

Ainda estão presos em bárbaros conceitos de que o homem sempre deve ganhar mais que a mulher. O conceito atual é de contribuição. Os dois contribuem. Também muitos não aceitam o novo, estão encarcerados em velhas ideologias e em tradições; parece uma violação grave se forem questionados. Para progredir é necessário impactar alguns conceitos e tradições.

O progresso não respeita obstáculos, especialmente os criados pela mente humana por medo do novo ou por resistência.

Qual seria o nosso legado? Talvez a cura daquilo que nos foi passado de forma doente ou imatura.

É o melhor presente que podemos deixar: recebemos uma carga pesada de algo e deixamos mais leve para as futuras gerações. Isso se chama humanidade. Pensar no coletivo, no outro, no todo. Cada geração faz um pouco, somente a sua parcela, mas de forma virtuosa, digna e decente. Assim, no seu tempo, a sociedade se tornará mais saudável e mais íntegra.

Nesse instante evolutivo, o mal não existirá sob nenhuma hipótese tal como conhecemos hoje. Nenhuma. Fica por vezes até difícil imaginar como poderia ser essa possibilidade e que tipo de ser humano seria. Estamos a caminho, com passos lentos, mas seguros e promissores. A natureza também é assim. Quantos bilhões de anos o planeta demorou para se desenvolver e se aprimorar para estar apto a acolher a vida com segurança?

Uma das últimas etapas de desenvolvimento de uma sociedade é a elevação moral.

CAPÍTULO 5
ARREPENDIMENTOS

"Perdi-me no que era real e no que eu inventei."

Tiê, A noite

A separação nem sempre é boa conselheira. É complexa e muito dolorida. A gama de sentimentos envolvidos numa separação pode ser intimidante e devastadora. É um misto e uma confusão de sentimentos, podendo ser bem mais dolorida do que a maioria das pessoas pensa. Costuma marcar para sempre.

Durante a graduação em psicologia na PUC-RS, fizemos uma pesquisa de campo numa tarefa acadêmica em que deveríamos pesquisar casais que passaram pelo processo de separação. Num dado momento, a pesquisa perguntava quanto estavam arrependidos pela separação, de "zero a dez", e, se pudessem voltar no tempo, o que fariam de diferente. Mais de 70% diziam-se arrependidos e pensavam que deveriam ter ido em busca de algum tipo de ajuda. A maioria reconheceu como um grande erro não ter investido mais no casamento e disse ter dado ouvidos a outras pessoas mais do que a si mesma.

Eu era bem mais jovem na época. E solteiro. Não tinha grandes compreensões sobre o que seria viver e administrar um casamento e uma família. No meu simplório raciocínio, pensava que os casais que se separavam de certa forma estavam livres dos problemas que atormentaram a relação. Ou, no mínimo, libertos da pessoa que tanta angústia trouxe para sua vida. Que a separação tinha sido o grito de liberdade tão engasgado durante anos. Quanta ilusão a minha, e talvez a de muitos, achar que uma separação resolveria simplesmente todas as questões e ainda traria felicidade imediata.

***

Até quando será necessário perder para valorizar? Isso não é primário demais? Por que não enxergar a dor antes das lágrimas? Nunca vai mudar? Não é excessivamente cansativo ficar repetindo as mesmas dores? A dor tem que ser experimentada? Não bastaria olhar para o lado e compreendê-la sem necessariamente ter que cortar a própria carne? Não parece ser demasiado infantil?

Somente após um número de perdas, algumas pessoas aprendem a valorizar quem está por perto e disponível para amá-las.

Muitos estão à cata de outros amores que gostariam de ter, negligenciando um amor que está a seu alcance. Grandes mudanças parecem que requerem tempo. É mito ou realidade? A dor da maioria dos entrevistados sobre a separação era perceptível no olhar, no tom da voz, na respiração dificultada e no posicionamento da cabeça que invariavelmente olhava para o chão (demonstrando indisfarçável desconforto com as perguntas). Poucos querem olhar para seus próprios fracassos. No final da entrevista, foram quase unânimes em dizer: "Agora precisamos continuar, seguir em frente, ir tocando a vida para ver aonde ela nos leva. A gente recomeça, faz tudo de novo. Tem outro jeito?".

Uma conclusão que tirei na época, baseada nos discursos dos entrevistados e na maioria das respostas parecidas: compreendi que os casais deveriam tentar até acertar, até ajustar, até que as coisas ficassem bem. Mas, para isso acontecer, deve haver a colaboração de ambos. Em todos, a ansiedade e a apreensão eram visíveis ao tocarmos no assunto.

Duas frases dos pesquisados chamaram-me a atenção. A primeira:

— Eu devia ter feito a minha parte e confidencio-lhe que não fiz o suficiente. Devia ter feito meus 50 por cento, acho que não fiz nem 30. Não era um grande sacrifício ter permanecido no meu casamento, afinal não tinha um problema muito grave.

A segunda:

— Carrego uma culpa até hoje. Eu traí. Essa culpa é uma dívida que eu não consigo pagar. É impagável, não consigo zerar essa conta. Acho que vou carregar pelo resto da minha vida.

Uma coisa posso dizer daquilo que ouvi, especialmente daqueles que tinham filhos:

— Os filhos sofrem demais vendo os pais separados. Nenhum filho deseja isso aos pais, porque eles sofrem mais que a gente.

Deixaram muito claro que a separação trouxe outros problemas importantes.

Posso confirmar com segurança que não vi ninguém jogando o chapéu para cima, como acontece nas formaturas, comemorando com alegria e felicidade seu divórcio. A sensação de quem passou por uma separação é de fracasso. Os relatos das separações não foram felizes, não foram em um tom festivo, particularmente quando tinham filhos envolvidos no processo: "Não sabia que os filhos iriam sofrer tanto". Essa foi uma dolorida descoberta que norteava a narrativa de praticamente todos os entrevistados.

— Meu filho não me perdoa até hoje, parece que nunca me deu o direito de me separar — completou um dos entrevistados.

Buscar a própria felicidade ou pensar nos filhos? Atender o próprio desejo de liberdade ou escutar a voz do amor responsável? Ouvir o pedido para que se vá ou os gritos de dor dos que ficaram quando o lar foi deixado? Inclinar-se a uma vida egoísta, dando ouvidos aos novos prazeres e aventuras que clamam, ou renunciá-los em nome das demandas familiares? Construir uma nova felicidade ou investir outra vez em ser feliz? Buscar um novo caminho ou fingir por mais alguns anos que o casamento já terminou há um bom tempo e que não foi percebido? De fato, a situação é complexa.

Com qual dor lidar? Com a dor de ir ou com a dor de ficar?

O que será que faltou para não conseguirem buscar ajuda? Na verdade, não existiam muitos profissionais de terapia de casal naquela época. Mesmo que existissem, a grande maioria das pessoas não tinha recursos internos disponíveis para admitir que precisava de ajuda.

Admitir que se precisa de socorro é demais para muitos. Parece que preferem ver tudo destruído ao invés de procurar algum tipo de ajuda. Quantas vezes escutei no consultório que o marido ou a esposa não aceita buscar ajuda? Por mais que uma pessoa possa fazer muita coisa pelo casamento, carregá-lo sozinho pode ser cansativo demais.

Todos somos observadores do mundo e de tudo o que nos rodeia, do que se encontra longe e do que está mais perto. Ter uma mente perceptiva é uma grande qualidade, embora algumas pessoas digam que "dói demais enxergar muito". Em um dos cursos que ministro sobre autoconhecimento, um participante disse: "Se a gente se olhar a fundo, dá vontade de chorar. Não perceber nada não seria uma bênção?".

Em todos os setores da vida, encontramos pessoas infantilizadas que não têm estrutura ou inteligência emocional para resolver questões complexas. Podemos encontrá-los na política, na religião, em um país, numa empresa, numa família ou em um relacionamento. A maturidade não acontece da mesma forma e em proporções idênticas para todos e, para piorar, muitos imaturos têm poder. Isso pode ser perigoso, pois acabam determinando o destino de muitas vidas e situações. Associando o poder a um sentimento de humanidade imaturo, algumas pessoas podem levar milhões de semelhantes a sofrerem danos injustos e irreparáveis. Tal fato já aconteceu inúmeras vezes na história da humanidade. Erros grotescos pagos a custo de vidas.

Em um casamento, não é diferente. Um tende a ter mais recursos para lidar com algumas situações que ocorrem dentro do lar. E se esse tiver um poder maior, seja de voz, de capital, de opinião ou de convencimento, pode fazer um terrível estrago. E não é nada difícil criar confusão em um relacionamento. Tem gente boa em fazer isso (e bota boa nisso!).

Quanta sabedoria há em reconhecer a hora de pedir socorro.

Conheço um homem que trabalha com fisiculturismo e participa de algumas competições estaduais e nacionais. De fato, está numa boa fase e o corpo está perto daquilo que ele julga ser o ponto ótimo. Para ele ter esse corpo foram incontáveis horas na academia, dia após dia, semana após semana e ano após ano, renunciando a vida que um simples mortal possui. Posiciona-se longe de certas bebidas, certos alimentos e com uma duríssima rotina de treinamentos para ter alguns minutos de glória e sucesso. Quantos realmente teriam essa disciplina, essa persistência, esse foco? É uma rotina dura de controle das calorias, da balança, das lesões, das séries de exercícios; com seu treinador gritando impaciente nos seus ouvidos: "Só mais um pouco, não desista, você consegue, está quase no fim". Algumas pessoas ficariam ansiosas só de ouvir sobre sua dura rotina, quem dirá submeterem-se a um treinamento desses.

Assim se constrói algo na vida: foco, persistência, rotina, disciplina e responsabilidade.

Muitos querem um relacionamento incrível e maravilhoso, mas será que estão dispostos a pagar o preço para tal? Tudo o que é bom pode ter um custo alto.

Para ter um relacionamento maravilhoso, quantas horas são destinadas para "discutir a relação"? Para resolver uma suspeita de traição? Para que o álcool não seja o elemento mais importante da família? Quantas noites mal dormidas são destinadas para atender um adoentado? Quantas idas à feira logo pela manhã após uma infernal insônia?

Quantas horas preciosas poderiam ser aproveitadas nas confrarias com amigos, mas são destinadas a visitar o avô da esposa, com alzheimer numa casa de repouso, que sequer lembra o nome da neta e tampouco a reconhece?

Não acredite em vida conjugal fácil se você investir pouco. Não existe magia nessa área. Nenhuma fada madrinha virá com sua varinha mágica e com um simples plim fará tudo se encaixar para sempre.

Quando se tem o desejo de conquistar alguém, é comum dar o melhor de si, especialmente no início. Não é indicado revelar-se por inteiro nos primeiros encontros. Algumas pessoas são assustadas ou resistentes a relacionamentos. Na primeira escorregada já terminam o que nem começaram. São rápidas para entrarem e ligeiras para saírem. A ansiedade do conquistador pode atrapalhá-lo.

Para ter um bom relacionamento, tem que haver investimentos altos; para ter um relacionamento espetacular, há um preço espetacular a se pagar. Nem tudo está ligado a dinheiro. Para ter "sucesso" em algo são necessárias várias horas de treinamento, de renúncia, de algum tipo de dor, de abnegação e de altruísmo pela causa pela qual se está lutando. Saber investir no casamento não é necessariamente reconhecê-lo como um custo, e sim como um investimento. Cuidar do corpo, da saúde física, não requer grandes investidas de tempo, de dinheiro e de sacrifícios? Não pode ser compreendido como um estilo de viver bem? Entretanto, não existe possibilidade de se obter grandes resultados com pouco esforço. Tudo aquilo em que se põe fé, disciplina e amor tende a dar resultados. No casamento também é assim.

Mas a grande questão persiste e é sempre bom relembrá-la: "Por que paramos de fazer aquelas coisas que fazíamos no início?". Esse é um dos grandes pontos sabotadores.

A rotina é um dos inimigos do casamento, assim como a infantil ideia de que aquilo que foi conquistado está garantido. O que temos de garantia real na vida? Nada, absolutamente nada, à exceção da morte. Quando um ser humano tem a sensação de que algo está em suas mãos, quando sente que a conquista está consolidada, ele relaxa e entra no processo do "amor garantido".

Como a natureza humana parece ter uma eterna insatisfação, o ser humano vai em busca de novas conquistas em outras áreas que julga serem importantes. Lentamente, a relação deixa de ser prioridade, porque ela já está guardada no cofre, como uma joia de alto valor. Acaba sendo um grave descuido que pode custar a saúde do casamento. Normalmente é a mulher que no início é deixada de lado, o que acaba ferindo sua necessidade mais essencial, que é a de atenção. Precisamos ser olhados, admirados, incluídos e amados de forma contínua. Somos assim, é da nossa natureza. Para nos mantermos fortes para as batalhas rotineiras, necessitamos de alimentos diariamente; assim também se dá com o amor. Precisamos alimentá-lo constantemente, reforçando o vínculo com carinho e atenção. Somos de natureza afetuosa e carinhosa, mas precisamos ser treinados para conseguir expressá-la.

Nem todos os lares construíram essa poderosa ferramenta para deixá-la como legado a seus filhos. Quem aprendeu a navegar pela dupla força do amor — dar e receber — dificilmente deixará seu relacionamento entrar no perigoso status de "amor garantido".

O que aconteceu para desistir-se de investir no casamento? É imprudente deixar rolar como se fosse qualquer coisa. Em nenhuma hipótese deve ser esquecido que um bom casamento é uma das melhores conquistas da vida. Pode ser construído de tal forma que se torne uma inesgotável fonte de carinho, de amor, de atenção e de preenchimento dos desejos, das vontades e das necessidades primárias.

Quem tem um bom casamento entende bem o que está sendo dito. A maior parte do tempo é maravilhoso. Eventualmente pode não ser. Como puderam vários casais conquistarem a vida conjugal fantástica? Que mecanismos são esses que funcionam durante uma vida inteira? Dentro de um relacionamento é possível ter basicamente tudo o que se necessita para o bem-estar. Simplesmente tudo. A não ser que a lista de necessidades seja absurda, aí não tem quem a satisfaça plenamente. Por favor, seja mais complacente. Quem quer muita coisa está à procura de uma mãe ou de um pai, e quem tanto procura...

Aquilo que você tanto procura também está procurando por você.

CAPÍTULO 6
ALMA GÊMEA

"Muitas pessoas perdem as pequenas alegrias enquanto aguardam a grande felicidade."

Pearl S. Buck

Um sem-fim de pessoas acredita em almas gêmeas. Alguns estudiosos do tema dizem que as almas gêmeas são criadas aos pares, outros arriscam afirmar que são criadas em grupos. Como ainda não é possível desvendar os mecanismos Divinos mais profundos, o que possivelmente seja apenas uma questão de tempo, a humanidade vai vivendo com hipóteses, suspeitas ou mesmo com a fé, ainda que muitas vezes sem um raciocínio lógico. Fé sem raciocínio lógico pode ser perigosa, infantil ou até mesmo uma automanipulação. Significa dizer-se que está a todo instante se convencendo da mesma matéria que já estaria convencida.

Muitos confundem uma química poderosa com alma gêmea. Ter encontrado alguém com quem se teve grande afinidade ou uma avassaladora paixão não necessariamente caracteriza que essa pessoa seja a alma gêmea. Caso fosse, quantas almas gêmeas alguns teriam, já que se apaixonam perdidamente de tempos em tempos? Em curtos tempos, aliás! Caso a outra "alma gêmea" não sinta a mesma coisa, o que se faz? Certamente, muitos vão à procura da próxima. Tomara que Deus não tenha jogado fora o "equipamento" para criá-las.

Quem disse que a alma gêmea deva ser necessariamente uma pessoa com quem se tenha um relacionamento amoroso? Não poderia ser um amigo, um pai, uma mãe, uma avó ou mesmo um irmão muito querido?

O que seria uma alma gêmea? Alguém inteiramente igual? Alguém que pense e sinta de forma idêntica? Que se comporte e goste das mesmas coisas? Poderá ser uma chatice depois de alguns anos, caso seja dessa forma.

A grande fantasia da alma gêmea é que ela vem pronta e é só desfrutá-la.

— O chão se abre, o céu fica rosa, os joelhos tremem e surgem borboletas por toda parte quando duas almas gêmeas se encontram — dizem. — Agora é só viverem felizes para sempre.

Pode até ser doce, mas mesmo essas relações necessitam de ajustes em função das diferentes crenças, paradoxos ou costumes. E se sua alma gêmea for uma pessoa de cor negra e você tem preconceito com a cor? E se tiver alguns desejos sexuais diferentes dos seus? E se for uma pessoa pobre, de poucos recursos financeiros, e você adora uma boa situação financeira? Enfim, algumas diferenças podem impactar o status de alma gêmea.

Milhares de pessoas já fizeram cursos on-line para encontrar sua alma gêmea. Essa "doença" pela busca da alma gêmea faz com que muitos desprezassem pessoas comuns, mas encantadoras, com potencial de fazê-los felizes. A busca por uma alma tão especial, tão rara, tão incomum, por consequência também faz o buscador se imaginar tão especial, tão raro etc.

Muitos estão sozinhos esperando pela alma gêmea. Cada ano esperado pode ser um ano perdido de valiosas experiências, de sublimes trocas, de oportunidades de crescimento e evolução no campo do afeto. Amar é treino, exercício e construção.

Relacionar-se é abrir-se ao sentimento, é expor-se, é rir e é chorar. Os sentimentos podem erguer, destruir, ferir ou curar uma pessoa, mas sem eles não é possível se sentir vivo. Podem aprisionar, porém somente eles podem libertar.

Os relacionamentos trazem transformações, e estas trazem amadurecimento. Poucos relacionamentos implicam pobreza afetiva. Privações de relacionamentos causam atraso no processo evolutivo. Quanto mais se faz algo, mais se aprende; da mesma forma, quanto mais se ama, mais se aprende a amar.

Alguém alfinetou: "Ou abrimos nosso coração ou o cirurgião cardíaco fará isso por nós, com seus instrumentos gelados e perfurantes. Ou abrimos as pernas ou o ginecologista fará isso por nós com seus equipamentos frios e inflexíveis".

Não resta outra saída senão investir no amor. Pode ser um caminho desafiador, porém é ditoso. Amar é a mais sublime vivência, é a mais emocionante aventura.

O casamento é uma aventura para heróis.

No lugar de amar, alguns ficam sonhando: "Em que lugar do mundo meu amor pode estar? Ele ainda não chegou... Eu posso estar tão cego que ainda não consigo vê-lo... Ele pode estar por perto... será que já está ao meu lado?". Alguns estão sentados em cima de um tesouro e continuam a procurá-lo.

Ah! Esses cegos olhos vorazes que só querem ver o que está longe, que sofrem de astigmatismo afetivo. Carecem de lentes corretivas porque os raios de luz não iluminam o que está perto, ofuscando o óbvio. Essa visão embaçada rouba a possibilidade de ver, tornando certos objetos invisíveis ao próprio coração. Tantas vezes o amor os convidou com seus suaves sussurros! Para ouvidos indelicados, são pedidos inaudíveis. Por vezes, para não ouvir, alguns fingem não ver. Lembro-me da célebre frase de Fabrício Carpinejar: "Olhe mais para quem está ao seu lado e menos para a frente".

O amor sente falta de amar! O amor quer bis. O amor pede humildade para poder entender o outro e suas diferenças. Desistir do amor é desistir da vida.

Entenda: não é só a alma gêmea que pode ser amada. Não caia nessa armadilha. Quantas vidas perdidas, quantas dores desnecessárias, quantas lágrimas derramadas por aí, quantas experiências não vividas pela espera de um amor cinematográfico?

Desistir de amar é abandonar-se. Tudo por resistência a um amor simples? De fato, isso é uma grande tolice! Vários dizem que só se deleitarão com um relacionamento se for uma linda história de amor. Quanta crueldade consigo mesmo. Ah! E com o amor também.

Muitas dessas situações se dão por puro egoísmo, por olhar somente para a própria dor. É uma defesa compreensível: o desejo ao procurar a dor é o de proteger-se de outras dores.

Todas as defesas, em última instância, são contrárias ao amor.

Não podemos esquecer do orgulho. É outra terrível defesa que incapacita a exposição ao amor. O que impede essa abertura não é o medo, e sim o orgulho, a vergonha de errar, o ridículo de se mostrar.

AMAR É ARRISCADO

Não há nada de ridículo em se tratando de amor, mas o orgulho trata de convencer do contrário. Como tudo o que existe, o orgulho também tem sua função: impedir que qualquer espécie de amor se manifeste.

As grandes tempestades, com seus ventos furiosos, não escolhem o tipo de vegetação que irão varrer. É dito na visão subjetiva que os ventos têm a função de levar as impurezas de uma região para outra que necessita desses dejetos e nutrientes. É o caso da íntima relação do Deserto do Saara com a Floresta Amazônica. A areia do deserto ajuda a formar nuvens sobre certas regiões da Amazônia, especialmente a região central. O deserto, para cumprir sua função, percorre mais de 5 mil quilômetros sobre o Oceano Atlântico transportando toneladas de areia para beneficiar a floresta do outro lado do oceano. Da mesma forma, quando uma região está com o ar pesado, o vento é acionado para limpar as energias mais densas dali. O vento é conhecido em algumas culturas como o faxineiro do planeta.

Na região Sul existe uma árvore linda, exuberante e imponente que fornece um fruto exótico: o pinhão. A árvore que dá esse fruto é o pinheiro — Araucária angustifolia. É comum, nas tempestades, ele "quebrar" devido às fortes rajadas dos ventos. Por outro lado, há também pela região o bambu, que é uma espécie de gramínea alta conhecida pela sua versatilidade. De natureza flexível, ele não quebra. O curioso é que, nas grandes tempestades, algumas árvores fortes literalmente "quebram", mas o bambu não.

A reflexão é sobre a característica de que algumas pessoas aparentemente fortes "quebram" diante das suas tempestades, dada a dificuldade de se dobrarem frente a um conflito. O bambu se dobra até o chão se for preciso, entretanto, além de não quebrar, volta ao seu estado original. Pessoas de natureza flexível não quebram. Esse fenômeno se chama resiliência: a capacidade de enfrentar conflitos sem perder a própria essência.

Essa pequena parábola faz pensar sobre os casais de "antigamente". Teriam eles mais resiliência se comparados com os casais de hoje? Teriam mais empatia, menos exigências e uma natureza mais próxima à do bambu?

Provavelmente os casais antigos eram mais flexíveis para lidarem com suas questões. Dadas as dificuldades da época, eles amadureciam mais cedo ou talvez aceitassem com mais facilidade a ideia de que os desafios eram realmente para serem enfrentados e conquistados. O fato é que conflitos e dificuldades fazem parte da rotina de qualquer relacionamento, não importando a época em que seja vivido. É possível que a mística da alma gêmea também povoasse os pensamentos dos casais antigos. Ou essas almas se encontravam com maior frequência do que hoje, ou os casais tinham mais habilidades no que se referia a relacionamentos.

Saber plantar e ter a paciência para esperar o tempo certo para colher são recursos que não se constroem da noite para o dia.

Quantos fracassos não aconteceram até acharem a receita certa para que o bolo não abatumasse? Meses, anos, uma vida provavelmente. Contudo, uma vez na posse da receita perfeita, mesmo assim seria "para sempre"?

Na procura por um amor tão raro, tão majestoso, corre-se o risco de tornar-se exigente demais. Pessoas exigentes tendem a ficar mais sozinhas e mais infelizes. Pessoas com um modelo de amor exigente internalizado criam muitas regras para serem felizes. Permitem-se amar a cada "morte de papa" (o problema é que os papas demoram para morrer). Pessoas exigentes, no íntimo, se acham melhores e pensam que ninguém está à altura para alcançá-las. Tendem a ficar mais amargas ao longo da vida; querem obediência impondo que as coisas sejam do seu jeito.

Exigências são arrogâncias não cabíveis muitas vezes. Algumas pessoas podem se tornar chatas e insuportáveis. Pioram com o tempo, tornam-se rígidas e inflexíveis. Não aceitam dobrar-se para aquele que é o maior exemplo de tolerância e flexibilidade: o amor.

Seria possível um relacionamento entre duas pessoas exigentes? No caso da resposta ser afirmativa, que qualidade teria? Pobres filhos... pais ricos em exigências e pobres no amor. Exigência e amor não combinam. A característica primordial da exigência é a de ser dura e inflexível ao passo que a do amor é a de ser tolerante e maleável. É relevante não confundir firmeza com rigidez ou com exigência.

Mas digamos que você seja um desses afortunados que tem certeza absoluta de que tirou a sorte de encontrar sua alma gêmea. Fale a verdade: de vez em quando não dá um enorme trabalho para conviverem a dois? Nunca pensou em jogar o outro pela janela de vez em quando? Eu falei pensar! Seria possível fazer do cônjuge, senão a alma gêmea, uma alma muito afim? Promover e intitular tal como se de fato o fosse? Agir de tal forma como se realmente tivesse encontrado e aceitar a possibilidade de serem feitos um para o outro? No lugar de mistificar sobre ter encontrado ou não a alma gêmea, que tal construir um amor com tamanha envergadura? Talvez seja importante construir a ideia de que seu par afetivo possa ser uma alma gêmea.

Mesmo a felicidade é um processo de construção contínua e infinita.

CAPÍTULO 7
TRAIÇÃO: A DOR QUE ENSINA

"Não corrigir nossas falhas é o mesmo que cometer novos erros."

Confúcio

João e Maria buscaram terapia por problemas de fidelidade; houve traição bilateral. Ele traiu primeiro, semanas depois foi a vez dela, após descobrir que fora traída. Um certo tempo depois compreenderam que se machucar não era uma boa escolha. A relação estava péssima e, depois desses eventos, a convivência ficou intolerável. Então foi um Deus nos acuda. Ela prometeu que iria traí-lo também, pois, segundo ela: "A balança não estava em equilíbrio". Ela evocou a Lei de Talião com sua rigorosa reciprocidade: olho por olho, dente por dente.

— Vou fazê-lo tomar um pouco do veneno que me deu para beber — dizia ela.

O casal entrou numa era trevosa de neuroses, desconfianças, controles enlouquecedores e ciúmes patológicos de ambos os lados. Diariamente, falavam em terminar, mas nunca conseguiram realmente.

Assim que ela descobriu a traição, expulsou-o de casa. Ele, sentindo-se devedor, acatou a ordem sem pestanejar. Foi para um hotel apenas com alguns de seus pertences, somente o básico. Toda vez que ia para casa buscar algo de que precisava para o seu dia a dia, discutiam ferozmente. Após muitas horas de tentativas de acordo, ela permitiu que ele retornasse para casa. Com um mês em casa, quem decidiu sair foi ela. Não se aguentavam mais, bastava olharem-se para começar outra briga. Ela ficou uns 20 dias fora, alojada no apartamento de uma amiga. Foi nesse período que o traiu. Na sequência, voltou para casa e fez questão de contar para ele. Outro Deus nos acuda. Se a relação já estava ruim, agora ficou péssima. Após admitirem que precisavam de ajuda, optaram pela terapia, por um mediador para tentar salvar o que restou de um desgastado e sofrível amor.

Disse o escritor russo Vassilli V. Rozanov: "Das grandes traições iniciam-se as grandes renovações". Assim o fizeram, preferiram escolher a dor da transformação à dor da separação. Há momentos em que a dor se faz constante sem apresentar rotas de fuga. Não importa a direção em que se olhe, ela se mostra presente, restando somente uma opção: escolher o caminho menos doloroso. É direito do casal escolher.

Vieram buscar socorro para resolver: ou organizariam a bagunça ou se separariam de vez. Nas sessões que se seguiram, demonstraram claramente muita raiva e muito amor um pelo outro, porém nenhum deles estava conseguindo aceitar o que tinha ocorrido dentro do casamento: a devastação do amor.

A dor da traição é inimaginável para muitos. Dói só de pensar, dói só de sentir a possibilidade.

Quando o homem é traído, o Masculino dele fica afetado. De certa forma, o Masculino dele é roubado.

Com a mulher acontece o mesmo. Na traição, o que a mulher tem de mais precioso é ferido: seu Feminino.

Quem paga a conta desses ferimentos são os relacionamentos seguintes.

Não será fácil confiar nas pessoas tão cedo. Uma reconstrução dessa confiança em si e nos outros precisará acontecer. Pode levar meses ou anos para entregar-se a uma nova possibilidade afetiva verdadeira, permitindo-se, ao máximo, casos amorosos pontuais.

Muitos homens iniciam um processo de ejaculação precoce como se quisessem se livrar rapidamente das mulheres, porque, afinal, elas podem machucar e ferir. Recorrem à terapia ou aos medicamentos para conter a ansiedade e ainda, de quebra, podem ter eventuais problemas na função erétil. Perdem a confiança básica da sua masculinidade, tendo muitas vezes que recorrer a mais medicamentos, agora para que ajudem a manter sua ereção. Outros se transformam em sedutores e abandonadores crônicos. Seduzem para atrair e punem com sumiços mágicos e repentinos causando danos contra o Feminino, até aplacar seu desejo inconsciente de vingança sob o discurso de aproveitar o momento.

A mulher começa a confirmar sua suspeita de que os homens não são confiáveis. A dor de ter sido traída demora a curar. Ela pode demorar a ter um orgasmo pleno ou ter invalidações no campo do sexo. Dar prazer a quem feriu não parece ser tão justo assim. Algumas se distanciam tanto dos homens que acabam tendo aproximações e intimidades com mulheres.

— Aqui o território pode parecer mais seguro — dizem.

— Aqui eu posso confiar.

No final, vão descobrir que a fonte da confiança está dentro de si, não fora.

O amor-próprio, a autoestima, a autoconfiança e a dignidade sofreram maus-tratos de forma tão profunda que podem demorar meses ou anos para serem restabelecidos. E há um alto custo emocional, de tempo e de dinheiro, com terapias e medicamentos. A rigor, quem deveria pagar essa conta?

João e Maria continuavam a se amar e queriam aprender a lidar com o que aconteceu. Havia muitas lições que poderiam ser aproveitadas. A primeira, talvez, era a de que não devemos cometer o mesmo erro duas vezes, visto que a segunda vez poderá ser interpretada como uma escolha, já que não se pode mais alegar inocência. Afinal, não seremos mais réus primários.

Voltar a trair seria erro mais grave, de difícil defesa.

***

Ambos entenderam que falharam em vários momentos. Eles se abandonaram dentro do casamento, deixando a relação desprotegida. Ele investia nos amigos, no futebol, na bike e nas suas viagens de moto. Ela, em cursos de autoconhecimento, escondendo-se dentro dos workshops, cursos de imersão e vários outros de formação, um após o outro. Saíam sozinhos frequentemente nos jantares de família, na casa dos amigos e muitas vezes nos bares da cidade. Quase com a mesma frequência com que saíam juntos. Não tinham mais aventuras, a monotonia corroeu a intimidade e, sem perceber, foram se afastando. Nem lembravam quando começara a queda do casamento. Ele olhava para o Norte, ela para o Sul. Ele, para os verdes campos; ela, para o aroma das flores; ele, para a montanha, ela, para o vale. Foram se esquecendo um do outro. Elogios, reconhecimentos, admiração, pequenos afagos verbais ou físicos foram sendo esquecidos.

O coração é faminto por afeto, atenção; é dependente de carinho e amor.

Quantos se sentem sozinhos dentro de um relacionamento? Quantos sentem que seu cônjuge está distante? A distância cria vazios e espaços em branco. Foi mais ou menos isso que aconteceu com João e Maria. Seus olhos estavam ávidos por atenção e os corações por carícias, que acabaram procurando e encontrando em outros portos não tão seguros; fugiram de si mesmos. Naquela situação em que o casamento se encontrava, não conseguiam compreender a si mesmos, quem dirá a um terceiro na relação. Por fim, enredados na trama dos equívocos e emaranhados pelos fios que teceram, resolveram em um gesto sadio buscar ajuda. Mais dia, menos dia, a maturidade clama por sua vez e bate à porta de todos. Sabe-se na alma que a evolução é o único caminho seguro e que os investimentos para salvar a relação são menos doloridos do que simplesmente deixá-la ir. Afinal de contas, não é melhor ter um amor pelo qual lutar?

Lembro-me de uma sessão em que perguntei, dentro do contexto que se configurou, se teriam vontade de se abraçar. Foi emocionante vê-los abraçados. Às vezes, só precisamos de um abraço para que surjam verdadeiros diálogos silenciosos, profundos, sem a necessidade das ruidosas palavras. Com aquela cena diante dos meus olhos compreendi o que ali acontecia. O amor existia consistente e naquele instante se apresentou desnudo, sem máscaras ou defesas.

Quanta dor se espalha, quantos relacionamentos são desfeitos a cada minuto no planeta e, acredite, a grande maioria sem genuína vontade. Acontece apenas porque não encontraram uma saída adequada para sua situação. Não encontraram forças, estratégias, saídas, recursos e então chegaram ao seu limite de tolerância. A razão sempre aponta para o campo do auxílio e da ajuda externa, já que foram esgotados os recursos internos. Os terapeutas treinados podem realmente auxiliar e resgatar muitas relações prestes a sucumbir.

Contudo, os arrogantes e orgulhosos dizem de boca cheia que não precisam de ajuda. Os egoístas e os narcisistas são os que mais atrapalham a evolução da humanidade. E são os que mais precisam, uma vez que essa atitude mental faz com que machuquem muitas pessoas sem se darem conta. São um tanto perversos, uma vez que trancam o processo da ajuda e possuem pouca empatia.

Caso não existissem em tão grande número, estaríamos em outro nível evolutivo, porém a vida sempre sabe o que faz e aonde quer chegar.

Atrasam por resistirem, por acharem que o que eles pensam é sempre o certo, tendo grandes dificuldades de se abrirem a outras ideias. Se a todo instante não nos abrirmos a novos conceitos, estaremos perdendo tempo no aspecto evolutivo do pensamento e do sentimento. Aliás, a última instância da mudança sempre ocorre no comportamento. Se o pensamento e o sentimento realmente mudaram, então a transformação de fato ocorreu e a benigna consequência é ter outra postura comportamental.

Uma pessoa pode pensar bonito, expressar-se verbalmente de forma maravilhosa e ter sentimentos ditos nobres, mas se a conduta comportamental não for digna e compatível, "algo de errado não está certo". Caso tenha que escolher entre a fala e o comportamento, escolha sempre o comportamento. Ser mais observador e menos ingênuo ou inocente garante uma vida com menos equívocos e lamentações.

Quanto ao casal João e Maria, revisados os comportamentos e assumida a parcela de responsabilidade de cada um, iniciaram o resgate da relação. Temas de casa cumpridos com eficiência e com o comprometimento de ambos, com contratos negociados e outros novos instituídos, recomeçaram. O fato de que algumas coisas ruins tenham acontecido na vida de um casal não significa que elas vão se repetir. Honrando com excelência o que foi tratado na terapia, o relacionamento estará mais seguro. Hoje, o casal está mais próximo que nunca, pois os dois aprenderam a lidar com as demandas do relacionamento. Aparecem em sessões, de tempos em tempos, para avaliarmos juntos os últimos meses e fazer uma espécie de manutenção daquilo que foi conquistado. As sessões de manutenção são muito importantes, pois permitem estancar logo um comportamento ou um sentimento antes que se torne crônico.

Tratar algo crônico é muito mais dispendioso, desgastante e pesado. Como dizem, prevenir é o melhor remédio.

O amor exige que sejamos homens e mulheres, e não meninos e meninas.

Apesar de tudo, no campo do amor, as cicatrizes também podem ser importantes. Do seu jeitinho, o amor sempre quer nos trazer de volta, nos levar para casa, ver-nos em um relacionamento. Fica a lição de que excesso de liberdade pode ser bom para o indivíduo e ruim para o casal. Pode, mas não significa que seja sempre. Quando o casal tem simetria e sabe usar a liberdade com responsabilidade, certamente não haverá consequências negativas.

Voltar a confiar é um gesto de amor profundo por si mesmo.

CAPÍTULO 8
A DOR NA ALMA DOS FILHOS

"Eu vou desculpá-la, mas eu não vou esquecer. Entenda isso."

Grey's Anatomy

Se realmente soubéssemos a dor que a separação causa na carne e na alma dos filhos, repensaríamos muitas vezes nosso comportamento e nossa decisão. Na maioria das separações, o que faltou não foi amor. Os filhos têm necessidade de uma família, de um lar, de segurança e de um refúgio. Pouco importa a formatação da família. Eles não têm preconceito algum se é constituída da forma tradicional ou se são dois pais, duas mães, ou qualquer outra formatação que possa existir. O que mais querem é ver seus pais juntos. Essa é uma necessidade que vem das entranhas, um sagrado desejo, uma sublime súplica. Todas as crianças acreditam, querem e desejam na alma que sua família dure para sempre.

As pessoas tentam minimizar as dores de uma separação, especialmente a dor dos filhos. Talvez seja cultural. Uma espécie de autoproteção. Existem alguns assuntos que sugerem ser intocáveis. A bem da verdade, não queremos olhar com profundidade porque, certamente, vai gerar outra dor ainda maior: a culpa.

É inquietante olhar para o sentimento de um filho após a separação e ver nele aquela incômoda e indisfarçável dor que carregará por boa parte de sua existência, senão toda. O filho poderá ser escravo de uma dor de difícil esquecimento por ser profunda.

Ferrete é o nome do instrumento que os fazendeiros utilizam para marcar a pele do seu gado. Essa marca fica no animal pelo resto da vida. A comparação é grotesca, mas é para a profundidade da marca que devemos olhar. O que fazer para aliviar a culpa? Muitos desviam o olhar para não sentir dor e acabam negando-a. Negar é um processo muito mais simples. É comum a todos nós. A questão não é gerar culpa, e sim consciência e responsabilidade. Irresponsável afetivo é um termo empregado para aquela pessoa que não tem noção do estrago emocional que pode causar na vida dos outros, especialmente à dos indefesos.

Uma separação pode causar dor, trauma, angústia, ansiedade de separação, tristeza profunda, depressão incurável e outras mazelas na mente dos filhos. Estudos afirmam que filhos de pais separados ficam com danos emocionais, marcas severas e dificuldades no campo dos relacionamentos em geral, especialmente nos amorosos. Filhos de pais divorciados são menos comprometidos no casamento e têm dificuldades de exercerem a maternidade ou a paternidade.

No futuro, quando tiverem conflitos no seu casamento, os filhos poderão apresentar desejos íntimos de se separarem. É sempre bom recordar que ferimos onde fomos feridos. É a nossa história, é a que conhecemos, é a que recebemos. Então se cria uma espécie de corrente na qual os filhos seguem os pais, como se fosse um direito ou um dever de sucessão, sendo que muitas dessas repetições podem levar gerações para se curarem. O direito das sucessões se dá no campo dos inventários materiais e no campo dos imateriais. Incluem os sentimentos, os comportamentos, as crenças e os valores. Bert Hellinger lembra-nos dessas transferências geracionais em seus maravilhosos livros e ensinamentos sobre as Constelações Familiares.

No livro "O Ciclo da Autossabotagem", os autores Stanley Rosner e Patrícia Hermes citam: "Também não é fácil determinar se a criança ficará melhor com o divórcio ou conviverá com eternas desavenças". Ambos são muito doloridos, mas seguramente a separação é um golpe fatal para as crianças.

Aquela família, que era a única referência, foi destruída para sempre. A gravidade está em perder a referência, uma vez que aquela estrutura que os filhos viveram nunca mais existirá. Medo do novo, falta da presença constante de um dos pais, novas pessoas, novas famílias, novos colos, pessoas diferentes e estranhas que irão fazer parte do cotidiano dessas crianças. Algumas terão facilidade para refazer vínculos, estas sofrerão menos. Mas as crianças não são iguais.

Algumas crianças vão carregar uma impiedosa e inquietante mágoa, especialmente de um dos pais. Para esses pais, o caminho da reconquista dos filhos será penoso e amargo. E não há garantias do resgate do amor desse filho. É como se o filho dissesse:

— Você não se importou comigo. Por que eu devo me importar com você? Você não pensou em mim quando se separou e agora quer que eu tenha amor por você? Algum dia olhou para a minha dor? Agora quer que eu olhe para a sua?

Um sem-fim de crianças se sentem culpadas e responsáveis pela separação dos pais. Condenam a si mesmas por não terem evitado o divórcio.

E como é difícil remover essa ideia da cabecinha delas. É uma crença que se não for bem trabalhada em terapia pode ser carregada por muito tempo. A vida dessas crianças fica afetada em muitas áreas. Podem desenvolver crenças gravíssimas como as de não merecimento e de autopunição, não se permitindo ter sucesso na vida como forma de autoflagelo, autoculpabilização e autorrecriminação. Os filhos terão que conviver com novas famílias, o que não é processo simples. A verdade é que nem sempre serão bem-recebidos ou bem-amados.

Muitas crianças se vingam dos pais pelo divórcio não aceitando seus novos companheiros. É uma espécie de retaliação:

— Já que você destruiu nossa família, não vou facilitar para você, não vou acolher essa pessoa.

Quem já viveu uma separação sabe de muitas coisas difíceis que teve de enfrentar.

Quantos novos relacionamentos os filhos sabotaram? Quantos os pais tiveram de abandonar? Sabotaram uma nova possibilidade afetiva!

Em vários casos, os filhos assumem o lugar daquele que foi embora. O "perigo" maior é quando a mãe vai embora e a filha assume seu lugar, ou ainda se o pai é que foi e um filho faz esse movimento, tomando o seu lugar.

***

Lembro do caso de um homem que procurou ajuda porque nenhum relacionamento dava certo, não estava tendo sucesso com as mulheres.

Ele foi traído no casamento e o desfecho da relação tinha sido tumultuado. Quando ele se separou, a filha mais velha de 13 anos foi morar com ele. Já estava divorciado há cerca de dois anos, e depois disso não teve nenhum relacionamento bem-sucedido. As mulheres se aproximavam, ficavam um tempo e iam embora. Não tinha problemas para conquistá-las, porém nenhuma ficava muito tempo. Conheceu mulheres, segundo ele, realmente atraentes e pelas quais ficou muito interessado. Elas, no início, mostravam-se motivadas, mas depois de algumas semanas desapareciam.

Durante o processo da terapia ficou muito claro que a filha assumira o lugar da mãe, inclusive rivalizando com ela. Não queria mais se relacionar com a mãe, não confiava nela, eventualmente descobriu a traição e não quis perdoá-la por isso. Quem foi traído foi o homem, seu pai, e não ela. Mas se existir uma espécie de alienação parental explícita ou velada, a chance de essa mãe e essa filha se resgatarem não é promissora. Alienação parental configura delito grave e, quando ocorre, cabe denúncia.

Escutando os relatos do paciente com sua filha, ficou claramente configurado que a relação deles estava em desordem. Eles se tratavam como dois namorados, como se fossem marido e mulher. As mulheres com quem ele tentou se relacionar percebiam a força da filha, apoiada pelo pai, e se assustavam com o quadro. Sentiam que não havia espaço para elas. E iam embora.

Esse tipo de relação, desorganizada nos seus papéis, pode durar anos. A filha sabotando as namoradas do pai e o pai não permitindo que a filha tenha seus namoradinhos, bem típicos da fase do seu desenvolvimento.

Não havia espaço para mais ninguém. Nesse contexto, ela nunca poderia ser filha. Ele jamais poderia ser pai. A relação de ambos estava contaminada. Alguns pacientes percebem logo a trama psíquica e rapidamente começam um processo de organizar a desordem. Outros negam, não dão a devida importância, acham que não é para tanto e essa resistência significa que por mais um tempo a confusão de papéis vai continuar acontecendo.

Os filhos podem sabotar novos relacionamentos dos pais, ao mesmo tempo em que podem culpá-los e puni-los pelo processo da separação. Os pais precisam estar atentos a esses comportamentos danosos.

***

Tantas separações poderiam ser evitadas, tantas dores são desnecessárias, tantas marcas poderiam não existir. Os adultos tentam minimizar e negar o estrago.

Falar de crianças é mais complexo, pois elas não têm a mesma estrutura psíquica dos adultos para lidarem com uma problemática tão tortuosa. A questão não é se eles vão se dar bem na vida após a separação, e sim a marca incômoda que terão de carregar para o resto da vida por problemas que não foram criados por eles.

Os divórcios sempre existiram e devem continuar existindo. É um direito garantido por lei e a salvação de muitas crianças que são vítimas de abusos e maus-tratos. A chance de crescerem e se tornarem adultas saudáveis e úteis para a sociedade aumenta quando se afastam de ambientes devastadores e hostis.

Todas as crianças filhas de pais divorciados deveriam ter algum tipo de auxílio terapêutico para poderem expressar suas dores e angústias. Infelizmente, nem sempre terão essa possibilidade.

Vemos por aí adultos de toda espécie fazendo mal para si e para seu meio familiar. Entretanto, há outros, mais poderosos, que conseguem afetar a vida de milhões. Insensíveis à dor alheia, apresentam imensa falta de empatia e são desprovidos de sentimentos mais dignos. Agressores nos gestos, nas palavras, nas escritas impiedosas e nas excessivas críticas, saem por aí destilando falas malvadas e injustas, comprazendo-se na indiferença e sentindo-se superiores aos outros.

O que está por trás dessas personalidades? O que lhes faltou na infância? De que tanto reclamam? Projetam nos outros qual dor original? Qual grito ainda não foi devidamente escutado? O que falta preencher? O que não foi sanado?

O que faltou para todos nós, de alguma forma, ainda estamos procurando. Talvez por ter sido a primeira dor (perder os pais e, especialmente, lidar com a ruptura da família original pela separação), marcará profundamente. Essa dor, para os filhos, é a mesma dor sentida pela morte de uma pessoa muito especial. Não haverá sossego em nosso coração até que aquilo que julgamos faltar seja preenchido.

Temos sempre, a cada dia, a possibilidade de olhar para algo em nós e de resgatar uma dor. Temos, talvez, centenas de dores, reconhecidas ou não. Uma a uma, no devido tempo, deverão ser atendidas. Assim seguiremos nossa senda evolutiva infinita, com bondade nas mãos e amor no coração.

Anne Frank (1929-1945) foi uma adolescente judia vitimada pelo nazismo durante a Segunda Guerra Mundial. Tornou-se mundialmente conhecida após a publicação do livro "O Diário de Anne Frank", no qual narra sua permanência num quarto escuro por mais de dois anos escondida durante a guerra. Morreu aos 15 anos num campo de concentração na Alemanha. Anne escreveu: "Você sempre pode doar alguma coisa, mesmo que seja apenas sua bondade".

É muito elevado compreender que a maior missão de todos nós na Terra é a autocura.

Curados não conseguiremos ferir mais ninguém.

CAPÍTULO 9
OS VAZIOS DA SEPARAÇÃO

"Enquanto houver excesso de orgulho haverá corações partidos."

Autor desconhecido

Indubitavelmente, teremos muitos problemas na vida — são como espinhas na cara, da noite para o dia surgem dezenas. Nem todos os problemas são resolvíveis. Alguns realmente não têm solução, apenas temos que nos adaptar e aprender a conviver com eles; para outros, a resposta só virá depois de demorados anos, conforme sua própria natureza.

"Não é o mais forte que sobrevive, nem o mais inteligente, mas o que melhor se adapta às mudanças". Embora muitos refutem, esta frase é atribuída a Darwin. Os que refutam até hoje não acharam o autor original. Então fica o dito pelo não dito.

A ansiedade tem atrapalhado muito a humanidade. É uma doença grave e progressiva, com números alarmantes a nível global. Uma disputa irada está travada no mundo entre a ansiedade e a depressão para ver quem levará o título do mal do século. Essas doenças não são o foco neste livro.

Muitos não têm paciência para esperar que seu relacionamento amadureça, querem respostas curtas e rápidas. Essa sensação de urgência que a ansiedade provoca faz com que várias pessoas tenham uma leitura muito superficial da relação. Não avaliam com o discernimento e a responsabilidade que a situação merece.

Às vezes, o ímpeto incontrolável de algumas emoções escurece a capacidade do raciocínio completo. O impulso pode ser uma reação cega, desprovida de razão, apontando para um descontrole emocional. Agir sem pensar, sem ter um controle efetivo sobre os sentimentos, faz as emoções verterem in natura e explodirem livremente, sem filtros. Podem tornar-se uma energia devastadora. Muitos divórcios nascem desse instante, agindo apenas na força do instinto.

Há um sem-fim de pessoas que não conseguem mudar de ideia após verbalizarem palavras que não deveriam ser ditas. Não conseguem ser flexíveis. Seguem o raciocínio de antiquadas crenças de que sobre aquilo que foi dito não se volta atrás. Pessoas rígidas que não recuam um centímetro sequer, mesmo se vendo caminhando para uma nefasta destruição.

Não saber recuar quando a situação realmente requer é atitude primária, infantil, de criança birrenta. Algumas atitudes são chamadas de infantis porque nasceram na infância, tinham o intuito de prender a atenção e o amor dos pais.

Muitos insistem em carregar atitudes infantis até a vida dita adulta. A capacidade de refletir e repensar usando a lógica e a razão demonstra a real idade emocional de um indivíduo. Decidir usando somente emoções é caminho seguro para errar. Compreender todo um contexto, fazer exercícios de futuro — imaginar como seria uma vida sem as riquezas que se têm em mãos — é usar a inteligência racional a serviço de si e da vida dos que estão próximos. São muitos "bens" envolvidos em um relacionamento.

Quando o divórcio acontece, inúmeras perdas e muitos lutos certamente ocorrerão. Por isso, sempre que usamos a inteligência intelectual, podemos ampliar o olhar e enxergar bem além dos muros. O impulso da cegueira emocional acaba impedindo a visão clara do todo.

Afinal, o que é que se tem que pode ser perdido? Quais coisas desfeitas deverão ser reconstruídas? São coisas pesadas para se carregar?

O divórcio causa perdas valiosas de conforto e segurança que não podem ser precificadas: o casamento, o lar, a família, os filhos, os parentes do cônjuge que agora fazem parte da família também, os filhos de estimação (animais), os bens materiais, a casa construída com sacrifício, os bens imateriais, os sagrados vínculos, os sentimentos, o amor, a dor da perda dos envolvidos e a fonte de tudo que foi construído, que é o relacionamento em si.

Sem contar aquela que talvez seja a maior dor: a dor nos filhos. Essa devastadora dor. Por mais que muitos queiram negar, é praticamente incurável a cicatriz no coração dos filhos, flechados no seu âmago pelos próprios pais.

Na minha experiência, não me lembro de ter encontrado um filho sequer, de pais divorciados, que não demonstrou dor por ter seus pais separados.

Jamais se deve questionar o direito dos pais de se separarem. É claro que eles têm. Não é esse o xis da questão. Nesse momento estou olhando para uma dor que creio deixar marcas para sempre. Penso que para sempre é um termo muito forte para se dizer, mas é um fato. Os que realmente conseguiram atenuar essa dor tiveram que sentar em poltronas de consultórios durante muitos anos para resolver o buraco que ficou em seu coração ou aprender a conviver com os vazios da separação que causam dores na alma.

Os filhos sentem-se culpados pela separação dos pais. Quer dizer, os adultos têm problemas e eles, para tentar salvar seus pais, carregam a sua culpa.

A insatisfação que muitos sentem na vida é a manifestação do vazio deixado por um dos pais, especialmente por aquele que se afastou do lar, e pela dor da família desfeita. São dois lutos profundos de difícil cura. Por essa e tantas outras razões que sempre a primeira indicação é: salve essa divina instituição que é o seu casamento. Cada um deve dar o máximo de si para o resgate da relação. Esse deveria ser o primeiro e o mais responsável pensamento dos casados, especialmente dos que têm filhos. Não deveriam abandonar o seu casamento nas grandes tempestades.

Não é dito — há milênios — que ventos fortes transformam marinheiros em homens de bravura? Por que alguns têm tanta pressa em abandonar as responsabilidades antes de sequer buscar as causas dos problemas? Simplesmente, em um ato impulsivo, decidiram ir embora. Nem estudaram as mais variadas possibilidades de ajustes existentes. Hoje, mais do que nunca, os recursos da ajuda estão completamente disponíveis para quem se dispuser a buscá-los.

Coisas ruins podem acontecer na vida dos filhos quando eles sentem que os pais pretendem separar-se.

Todos temos um lugar e algumas funções dentro do sistema familiar. Quando cada um ocupa o seu lugar, e somente o seu, há um profundo relaxamento no sistema. Os filhos possuem algumas funções. Existe uma em especial, de foro íntimo, que está no inconsciente mais profundo: evitar que os pais se separem. O desejo é de que seus pais permaneçam juntos; para eles, nada é mais importante do que a família. Só intencionam por uma separação, e de forma diminuta, em alguns casos específicos, em que há muita violência física contra aquele que eles julgam o fraco da relação e em que pode haver risco de morte. Inteligentes que são, pensam que a vida é mais importante que a própria dor. Esse desejo, no decorrer do tempo, pode transformar-se em pesada culpa. O filhos tendem a proteger aquele que compreendem ser o mais frágil.

Em um primeiro momento, quando o cenário se desenha para o divórcio, eles tentam de várias formas impedir que a grande tragédia aconteça. A fim de chamar a atenção dos pais e desviar o foco da separação, elaboram estratégias sofisticadas e inteligentes, não importando se serão danosas para si.

Seja qual for a estratégia, todas têm a finalidade de chamar a atenção e de gritar: "Olhem para mim!".

No imaginário das crianças, se os pais olharem para os filhos, irão esquecer da separação. De fato, muitos conseguem unir os pais dependendo daquilo que criaram. Podem ferir-se, podem criar uma doença de difícil cura quando o temor é muito importante, podem atrair algum acidente de menor ou de maior gravidade, podem criar confusão no colégio, apresentar quadros depressivos ou de ansiedade, ameaçar que vão morar com um dos pais, podem cortar-se, ir para as drogas, tentar suicídio... Enfim, buscam uma série de estratégias para chamar a atenção em outras direções. Quem viveu o processo de um divórcio deve se recordar do quanto seus filhos foram criativos na intenção de uni-los novamente.

Os filhos morreriam pelos pais se fosse preciso. Para salvar a família, para salvar os pais, fazem qualquer coisa. Poderia enumerar dezenas, talvez centenas de estratégias. Depois de anos de observação dessas e de outras estratégias, criei um workshop: "Estratégias fatais da infância", que será, muito provavelmente, o tema de um próximo livro.

Em um segundo momento, os problemas para as crianças começam quando falham na nobre missão, isto é, quando os pais de fato se separam apesar de todas as estratégias possíveis elaboradas pela sua fértil imaginação. Como podem se sentir responsáveis diretos pela separação, uma profunda culpa se abate sobre eles.

Quando os filhos sentem que falharam na responsabilidade que se atribuíram — salvar os pais, evitando o divórcio — o que se sucede é uma série de mecanismos punitivos contra si.

Toda culpa possui um mecanismo punitivo. Toda vez que alguém erra, roda uma espécie de programa de autoflagelo, isto é:

pecou, tem que pagar pelo pecado; errou, tem que acertar contas pelo erro; e assim por diante. É um raciocínio herdado das religiões mais antigas, em que o Deus possuía um sistema punitivo, embora o pensamento de muitas delas ainda estejam ativos. Muitos chamam esse mecanismo de "culpa cristã". O fato é que temos um sistema punitivo dentro de todos nós. Para alguns ele pode ser mais severo do que para outros. Excetuam-se os psicopatas, que não possuem remorso nem culpa.

***

Freud teorizou sobre uma instância psíquica chamada de Superego: um conjunto de forças morais duras, castradoras e inibidoras que faz parte da nossa mente. É como se morasse um general severo dentro de nós. Pessoas com o superego muito desenvolvido podem se tornar autopunitivas, inflexíveis com os outros e consigo mesmas. Existe uma face feroz no superego que é de fazer com que o sujeito sinta culpa para o resto da sua existência, não permitindo que desfrute das coisas boas da vida, que viva o prazer sem culpas, enfim, que experimente uma vida de deleites.

***

Freud também teorizou sobre outras duas instâncias psíquicas componentes da personalidade: o Id e o Ego.

O Id é a instância psíquica que trabalha para a satisfação dos desejos e das necessidades, tendo como objetivo a busca pelo prazer imediato. Não lida bem com as frustrações, podendo ser exigente, impulsivo e inconsequente. Desconhece o juízo e a ética. É formado em essência pelas pulsões, instintos e desejos incontroláveis.

O Ego está ligado ao princípio da realidade. É o mediador entre os desejos insensatos do Id e a rigidez do Superego. Lógico e racional, negocia as necessidades internas com a realidade externa possível. Procura satisfazer as necessidades do Id, mas com recursos do bom senso e das regras sociais aceitáveis.

***

Nos filhos o processo é idêntico. Como se culpam pela separação dos genitores, parece que acionam uma instância muito dura contra eles mesmos. Nesses casos também podem adoecer, criar processos alérgicos, fazer regressões de fases (voltar a chupar o bico), retrocessos, voltar a uma fase anterior de desenvolvimento, morder coleguinhas na escola, brigar com outras crianças no colégio, desenvolver doenças como depressão, angústia e os terríveis transtornos de ansiedade. Dentre esses ganham destaque o transtorno do pânico, o transtorno de ansiedade generalizada (TAG), o transtorno obsessivo-compulsivo (TOC), o transtorno de estresse pós-traumático e outras fobias e processos de autoflagelo.

É praticamente impossível inexistir esse tipo de dinâmica nas crianças. O que ocorre em muitos casos é que a criança consegue recalcar, reprimir esses desejos de autocondenação. Entretanto, a autopunição vem mais tarde com outros tipos de somatizações, que podem ser tão maléficas quanto as doenças que não foram reprimidas anteriormente.

Nos processos de divórcio é importante lembrar de olhar para as crianças, suas reações e seus sentimentos. Por vezes, a dor dos pais é tão avassaladora e sua visão momentânea do futuro é tão temerosa que sequer têm condições de cuidar de si. Quem não está apto para cuidar de si mesmo terá recursos para cuidar de mais alguém? Quem dera conseguir olhar para outro umbigo que não seja o próprio.

No divórcio, a necessidade da ajuda recai sobre todos. Cada um tem sua dor e a expressa de um jeito peculiar.

Cuidar de uma criança, proteger sua integridade física e psíquica deveria ser a preocupação inicial. Quantos jovens se entregam a experiências sexuais sem proteção alguma, experimentos com drogas perigosas, riscos de toda ordem, comportamentos declaradamente afrontosos decorrentes da falta de limites pela ausência da figura paterna? Ou pelo fato de ver sua estrutura familiar desmoronada? Após presenciar seu próprio mundo ser desconstruído por aqueles que deveriam protegê-lo, como fazer para voltar a acreditar neles? A integridade psíquica sofre danos profundos. Alguns irreversíveis.

O divórcio causa uma ruptura devastadora na mente de muitas pessoas e não somente na dos filhos. Todos terão sua dor pessoal.

Freud aponta para a importância de um dos maiores movimentos que um filho faz em direção ao seu autodesenvolvimento, em busca de sua própria verdade, quando ele troca a segurança de um lar e o colo de seus pais pelo lançar-se no mundo em busca da construção da sua real liberdade. É um dos momentos mais sublimes do desenvolvimento humano. Freud o comenta nestas palavras:

"O fato de que, durante seu crescimento, o indivíduo se liberta da autoridade de seus pais é um dos efeitos mais necessários, mas também o mais doloroso do desenvolvimento."

Em toda parte, encontram-se filhos órfãos de pais vivos. Devido à separação e dependendo da natureza dos conflitos, muitos pais deixam seus filhos à deriva.

Pais que são abandonadores de relacionamentos também poderão usar essa prática para/com seus filhos. Esquecem de apoiá-los, relegam suas obrigações com eles, ausentam-se justamente no momento de maior necessidade e não dão a devida importância que o delicado momento requer. É importante lembrar que todos, de alguma forma, erram. Lembro quando um homem procurou por terapia e relatou sua história. Estava casado há 19 anos:

— Nossa vida conjugal ia muito bem até o momento que tive um envolvimento com uma colega de trabalho. O marido da colega descobriu, separou-se dela e contou para a minha esposa. A partir daí um tornado devastou minha vida. Minha esposa não aceitou a situação, encaminhou o divórcio sem me dar o direito de qualquer defesa. Ela morria de ciúmes e desconfianças dessa minha colega muito antes de ela demonstrar qualquer interesse por mim. Em casa, eu raramente falava o nome dela e quando tocava era somente para contar histórias triviais do ambiente de trabalho, mas minha esposa cismava muito com essa mulher. Não entendo como isso funciona, parecia que ela estava premeditando o que iria acontecer. E realmente aconteceu.

— O fato principal é que conheci tantas dores que não imaginava existirem. A dor de perder tudo, simplesmente tudo. Até meu filho, e éramos melhores amigos, extremamente próximos. Ele não quis morar comigo. Além de ficar do lado da mãe, ficou contra mim. Começou a evitar-me constantemente, arranjando desculpas para não me ver. Estou perdendo grandes momentos da sua vida. Ele não quer ajuda de ninguém e diz que precisa de mais tempo para me perdoar. Vim buscar ajuda para conseguir me aproximar dele.

Todo movimento tem uma consequência; em cada escolha, uma renúncia. Uma decisão equivocada, um preço alto a se pagar. Um erro, uma responsabilidade para assumir. Os mais maduros sem dúvidas gerenciam melhor suas vidas: fazem escolhas, pagam o preço que for por elas e não terceirizam nada. Assumem a total responsabilidade pelos atos criados por eles mesmos.

O tripé da maturidade: escolher, pagar o preço e assumir.

Após o divórcio, muitos pais se preocupam somente com sua vida e sua liberdade.

CAPÍTULO 10
OS MILAGRES DA SEPARAÇÃO

"O melhor professor da vida é a experiência. Ela cobra caro, mas explica bem."

Autor desconhecido

Estas são perguntas que várias pessoas fazem a si mesmas a respeito de seus relacionamentos: a partir de qual momento o amor começou a apagar-se? Em que altura da vida do relacionamento o afeto deixou de ter qualidade? Quando é que os problemas começaram a surgir e quando foram percebidos? Por qual motivo permitiu-se que uma situação ruim chegasse tão longe?

Para alguns cientistas, o amor no seu aspecto químico e biológico possui três estágios. No primeiro ocorre a química propriamente dita, atração sexual com hormônios sexuais altamente presentes. O segundo estágio tem o amor passando por uma fase mais romantizada. No terceiro se dá a construção dos vínculos permanentes; existe o desejo da construção de uma relação duradoura.

Na prática clínica observei que os casais que não perderam o status de eternos namorados investem nestas práticas com frequência:

- Constroem projetos juntos e apoiam os sonhos do cônjuge.
- Fazem com frequência elevada pequenas ou grandes viagens (em muitas, somente o casal).
- Têm vida sexual ativa e criativa. Evitam a monotonia do sexo, procuram reinventar-se.
- Fazem aventuras, praticam esportes e investem em interesses comuns.
- Investem em coisas que o parceiro gosta de fazer. Curtem a prática de fazer o outro feliz para se sentirem bem.
- Demonstram o que sentem, expressam o amor e a admiração de forma contínua.
- Dão tanta importância ao respeito quanto dão ao amor.

Nem todas as relações são bem-sucedidas. Não se iluda, todos os casamentos têm seus problemas e sempre terão. Alguns exemplos: problemas por causa do dinheiro, dos horários não cumpridos, de alguém querer dominar a relação, de não ajudar nas tarefas domésticas, de ciúmes, de um não gostar dos pais do cônjuge e se recusar a visitá-los, de um querer filhos e o outro não, de suspeitas de traição, ou de alguém não demonstrar mais interesse pela relação.

Casamento é basicamente uma série interminável de problemas e estes serão uma constante na vida do casal.

A lista não tem fim. Quando você resolve um, surge outro. É uma máquina, uma indústria de construir problemas. A verdade é essa. Pode ser que seja um dos dois quem cria a maioria dos problemas, mas o outro vai ter que ajudar a resolver. Essa prática cansa com os anos. Ser pai ou mãe de cônjuge é desgastante. Um cria, os dois resolvem. A ideia é: quem cria que o resolva, mas na prática quase sempre a diligência dos dois é necessária para acomodar a situação.

Todos os casamentos, sem exceção, precisam ser reinventados.

Então é melhor não casar? Não é essa a conclusão. A ideia é se tornar um expert em resolver problemas ou ficar bom em não criá-los. Certamente isso é impossível, porque algumas vezes aquilo que um acha ser um problema talvez não seja. Mas o grande pulo do gato é saber resolvê-los e, quanto mais rápido, melhor para a relação. Tem que ser ninja.

***

Os relacionamentos necessitam de novos investimentos, novos recasamentos com a mesma pessoa. Ambos devem criar movimentos, estratégias para que a relação continue sendo atraente. Veja bem: ambos!

Normalmente um espera que o outro faça o casamento ser um parque de diversões, um lugar de prazeres e de alegrias. É dever do casal. A bem da verdade, os investimentos nunca deveriam ter deixado de existir, especialmente aqueles utilizados na conquista. Eram encantadores! Infelizmente, os casais pecam nesse ponto. Têm sido relapsos!

É surpreendente notar a quantidade de casamentos em que um afirma que a relação está ótima, porém o outro enxerga e sente o contrário. Um acha que está boa, e o outro ruim; um acha que é o paraíso, e o outro só vê monotonia; um acha que não precisa mudar nada, o outro quase enlouquece quando ouve esse comentário. A questão não é se um está mais feliz do que o outro, e sim que um está infeliz. Esse é o ponto. Quando os motivos desse desequilíbrio são investigados, a constatação é verídica. O que mais se observa é que não há equilíbrio nos investimentos que cada um faz. Temos aqui um problemão.

O que é isso na prática? Um sente que ama mais, que investe mais, que se preocupa mais com o bem-estar e a felicidade do outro. Um sente que cuida melhor da relação, da casa, dos serviços domésticos, dos filhos.

Um sai mais, diverte-se mais, enquanto o outro fica em casa. Um percebe que coloca mais dinheiro enquanto o outro gasta de forma desmedida. Enfim, um sente que dá mais, e esse desequilíbrio acaba tendo um preço muito caro. Uma relação assim está fadada ao fracasso.

Na prática clínica, pude observar duas situações curiosas que podem se desenvolver.

COMO SE SENTE AQUELE QUE DÁ MAIS?

Aquele que dá mais sente-se como um credor na relação. O que dá mais sente que tem mais direitos. Esses sentimentos ocorrem mais no âmbito do inconsciente. Aquele que dá mais tem mais vontade de abandonar o casamento, tem mais desejos de ir embora, de separar-se porque sente-se injustiçado, desvalorizado e, o que é pior, não amado. Porém, raramente abandona o casamento. Com frequência, sente-se mercantilizando o afeto, comprando amor. Com o tempo percebe que tem um filho ou uma filha, e não um marido ou uma mulher. Nesses casos, é comum ocorrer a perda da admiração pelo(a) parceiro(a). A perda da admiração traz outra grave consequência: a perda da libido, do tesão. O desejo sexual pelo parceiro vai embora junto com a admiração. Normalmente não é esse que pede a separação, mas pode cobrar de outras formas seus direitos.

COMO SE SENTE O QUE GANHA MAIS?

Normalmente aquele que ganha mais é o que mais traz problemas ao casamento. Isso é incrível, parece até uma grande inverdade. Aquele que é mais servido na boca, que ganha tudo de mão beijada, é o que apronta mais. Há uma interpretação no inconsciente daquele que ganha mais: que a pessoa que está do seu lado é mais uma mãe ou um pai do que uma mulher ou um marido. Vê o outro como fraco e pode se tornar crítico e tóxico na relação. Aquele que se sente "casado" com uma mãe ou com um pai, no lugar de uma mulher ou de um homem, tem mais tendência a trair — além de acreditar que vai ser perdoado. Ele se sente devedor de tanto que ganha. Sente culpa, embora use mecanismos de manipulação fazendo com que o outro sinta a culpa que ele tem pelo tanto que ganha. Sentiria mais alívio se fosse embora. Normalmente é esse que fala em separação ou, se não tiver coragem, cria um contexto ruim para que o outro chegue a tal ponto. Joga a batata quente da decisão para o colo do cônjuge.

***

Lembro de um casal que procurou auxílio porque o encanto da relação estava sendo consumido pela desgastante e desinteressante rotina. Estavam se abandonando dentro do casamento, já tinha se criado uma incômoda distância entre eles. O romantizado casamento estava recebendo doses diárias de tédio.

O dia a dia pode corroer o encanto da relação.

Quem está casado há um bom tempo pode ter algumas dúvidas sobre os sentimentos. Nem sempre é simples definir o que se sente pelo cônjuge. Depois de muitos anos juntos, um misto de emoções envolvem o que se chama de amor. O conceito pode variar de uma pessoa para outra. São muitas palavras que integram o amor: atração, química, tesão, desejo, sexo, admiração, cumplicidade, proteção, atenção, apoio, confiança, segurança afetiva, segurança financeira, respeito etc.

Uma gama de sentimentos estão envolvidos quando um casal está junto há um bom tempo. Essa é uma das razões que dificultam o divórcio. Quando ele ocorre, o luto de vários sentimentos e emoções entram em cena. A dor se faz presente de forma jamais conhecida antes. Quantos vão até a porta da saída, olham para trás, visualizam esse cenário e recuam?!

Dificilmente a separação resolve os problemas. Podem vir outros maiores.

O casal em questão visualizou algumas novas situações que poderiam ficar difíceis caso ocorresse o divórcio. Contextos que não existem hoje no seu relacionamento, mas que a partir da separação iriam fazer parte de suas vidas.

Muitas separações são somente a troca de uma série de problemas por uma avalanche de novas dificuldades. É uma doce ilusão acreditar que, ao se separar da pessoa, é possível separar-se também dos problemas.

Geralmente, a separação cria novas e desafiadoras disputas, tão ou mais complexas quanto as que existiam no casamento. Talvez seja importante fazer um exercício de futuro imaginando-se já separado, momento a momento. Esse exercício faz muitas pessoas desistirem da ideia da separação, preferindo realinhar seu casamento. Talvez seja bem menos cansativo e trabalhoso. Não é uma questão de preguiça emocional ou física, mas de companheirismo, amor e comprometimento. Porventura, se cada um fizer sua parte, é possível tornar uma relação saudável? Reinvestir no casamento sempre é uma escolha sábia.

Um relacionamento é testado na sua força e na sua fraqueza. Às vezes, somente o contexto é modificado. O divórcio em si não anuncia necessariamente uma vida nova carregada de felicidades e bons momentos. Os comportamentos sabotadores que levaram à falência da relação não irão sumir pelo simples fato de se afastarem um do outro, pois pertencem a ambos.

Os atos que arruinaram o casamento hoje provavelmente serão os mesmos que levarão à sucumbência do próximo relacionamento amanhã, caso não sejam devidamente tratados. Pesquisas apontam que o segundo casamento tem um pouco mais de 30% de chance de dar certo. A chance de o terceiro casamento dar certo é ainda menor.

A pós-separação não é um caminho fácil de percorrer. Com frequência, se antes o casal tinha alguns problemas, depois da separação a quantidade pode dobrar ou triplicar. Pode ser que seja apenas durante o início, até que se complete a fase da readaptação. Entretanto, algumas novas demandas podem se suceder por muitos anos, dependendo do tipo do dano que ocorreu. Quantos ex-parceiros podem se revelar nada colaborativos e surpreendentes em seus comportamentos?!

Da noite para o dia, conforme o que ocasionou o divórcio, muitos(as) ex-companheiros(as) tornam-se ferozes inimigos.

Às vezes surgem surpresas desagradáveis e marcantes, causando profundas decepções justamente entre aquelas pessoas que dividiram os principais momentos de uma vida inteira. Vinganças terríveis, atitudes inconcebíveis, brigas intermináveis em tribunais, desqualificação e bullyings de toda espécie, danos financeiros, espoliação de patrimônio, agressões à moral, traições por desforra, manipulação dos filhos para agredir... A lista das atitudes pode ser extensa.

Aquilo que dizia ser amor, em dois lances, torna-se raiva inesgotável de duração infinita. Aceitando ou não, tudo muda. Novas habilidades são requeridas para essa nova fase. Se antes um não sabia negociar ou ceder, agora vai aprender a fazê-lo mesmo contra sua vontade. Se não gostava de regras, agora vai respeitá-las sob o jugo e a autoridade da lei. É uma nova realidade que se desenha. Se antes não sabia perder, agora irá relacionar-se com coisas que vão lhe testar a alma. Se antes não tinha tempo para estar com os filhos, ou se o tempo com eles não tinha qualidade, agora vai ter de vê-los sob a tutela de outros pais e outras mães. Esses novos pais não serão necessariamente melhores do que você poderia ter sido. Se antes não tinha paciência para atender às pequenas queixas do cônjuge, poderá enxergar, cedo ou tarde, outros braços carinhosos afagando e acariciando o coração de quem não foi devidamente valorizado.

A separação está repleta de pequenos milagres.

É incrível. Coisas que não aconteciam há anos repentinamente começam a acontecer. De repente os filhos ficam importantes, de repente quem nunca foi uma atenciosa mãe começa a ser. Quem raramente foi um afetuoso pai, agora, do nada, apresenta-se como responsável genitor. Não tem como descrever tantos acontecimentos inesperados nas atitudes dos pais. É de causar surpresa e admiração.

Enquanto alguns estão mais presentes na vida escolar dos filhos, outros vão às praças aos domingos com a bicicleta nova mas nunca testada, denunciando que é a primeira vez que desfila nas pistas. Enquanto uns vão ao cinema depois de quase um século, outros andam na roda gigante do parque, inclusive perdendo seu medo crônico de altura. Impressionantes habilidades são forjadas em um curto espaço de tempo.

Muitos desses nobres comportamentos não irão durar muito tempo. Uma pena. Alguns realmente ficam. Isso é fantástico.

***

O casal que procurou ajuda pela monotonia do casamento enxergou durante as sessões um possível futuro que os aguardava e, junto com ele, uma série de novas dificuldades que teriam pela frente.

Um sem-fim de pessoas declararam que nunca mais foram as mesmas depois do divórcio. Escutei não poucas vezes:

— Algo se quebrou dentro de mim, sinto muita dor e culpa por ter fracassado.

Alguns cientistas afirmam que a dor da separação é comparada à dor da perda de um filho.

Depois de muito analisarem, o casal deste relato decidiu investir mais uma vez na relação. Algumas coisas são inegociáveis. Estar em paz é uma delas.

Perguntei, de zero a dez, quanto gostariam de salvar o casamento.

— Dez — informou ela.

— Nove — disse ele.

Sábia decisão.

Isaac Asimov, nascido na Rússia, mas considerado um dos maiores escritores norte-americanos em ficção científica, escreveu certa vez: "As ideias são duras de morrer". Será que Isaac tem razão? Procure olhar com mais atenção para o casamento. Olhe com carinho, com cuidado. Olhe como se fosse um bebê que requer atenção contínua.

Não deixe seu relacionamento se tornar vulnerável demais. Quando acordar, pode ser tarde. Jamais menospreze uma necessidade do cônjuge. Faça! Não somente espere. Aja! Atitude é tudo na vida. Lembre-se de sempre fazer a sua parte, que corresponde a 50 por cento de tudo. Valorize muito o que o relacionamento tem de bom.

Não fique sonhando com o que poderia ser. Deixe isso para os sonhadores. Esse é um grande segredo dos casamentos que dão certo.

Sempre podemos reconsiderar uma decisão que possa impactar a vida de pessoas muito importantes para nós.

CAPÍTULO 11
AMOR TÓXICO OU AMOR-PRÓPRIO?

"Como você ama a si mesma é como você ensina todo mundo a te amar."

Rupi Kaur

Nem todos os relacionamentos tóxicos são abusivos, mas toda relação abusiva é uma relação tóxica. Para um relacionamento tóxico se tornar abusivo é um passo pequeno. As relações abusivas são de maior gravidade e causam mais danos. Como é que alguém entra nessa fria? Por que a demora a percebê-la? Como identificar? Entrei numa relação assim. E agora? Como faço para sair?

O modo como a pessoa se ama é o modelo de como ama as demais pessoas.

O amor por si, que é o amor-próprio, deveria ser o primeiro direcionamento do amor. Amor-próprio é o movimento do amor para dentro de si com a finalidade de primeiro se preencher para depois poder preencher o outro. Os holofotes são virados primeiramente para si. Essa é sempre uma direção segura.

Uma piada pode ilustrar o que é amor-próprio ou autoestima da forma mais singela possível. Duas amigas se encontraram no salão, e uma delas contou sua última aventura:

— Amiga, fui assaltada... — disse com um suspiro profundo.

— Não é possível! — disse a outra, com os olhos espantados, mas curiosos.

— Sim. O ladrão me pegou firme pelo braço e com uma voz grossa bradou: "Passe-me tudo de valor que você tem".

— E você? — perguntou a amiga muito assustada — O que fez?

— Eu me joguei nos braços dele, porque, afinal de contas, eu me valorizo.

***

Somente quem tem um amor pleno por si é que pode dar e receber o amor na forma adulta.

Quem fez do amor o alvo em si mesmo a ponto de se sentir pleno terá condições de oferecer algo de valioso ao outro, caso contrário será mais um pedinte do que um doador. Quem está vazio dá o quê, mesmo?

Os pobres de afeto mais pedem do que oferecem. Os que são vazios de amor-próprio também se tornam necessitados de colo, atenção, carinho e presença. Às vezes aceitam qualquer afeto que encontram pelo caminho.

Não seremos amados o tempo todo. Ninguém o é. A única pessoa que pode nos amar a maior parte do tempo somos nós mesmos. Somos nós que fortalecemos a nossa autoestima aprendendo a nos amar.

Dizem que somos feitos de pequenos milagres: podemos caminhar, enxergar, sentir, tocar, alegrar-nos, entristecer-nos, amar, estudar, desfrutar do fato de existir, amadurecer e muito mais. De tanto nos treinarmos a olhar o que temos e somos de bom, aprendemos a nos valorizar.

Valorizar-se significa olhar e apoiar aquilo que somos, assim se constrói o amor-próprio e a autoestima.

Somos constituídos de luz e sombra. Se olharmos mais para a luz, ela resplandecerá. Se olharmos mais para a sombra, ela se fortalecerá. Valorizar o que temos é uma das chaves da autoestima.

Nos tornamos aquilo que acreditamos ser. Para se ter uma boa autoestima, não há necessidade de sermos os melhores em tudo. Basta reconhecer alguns aspectos bons que temos e nos "orgulharmos" deles. Aprender a admirar o que somos e podemos ser e fazer disso uma inspiração para viver pode ser o suficiente para manter a autoestima forte.

Olhar para si não é egoísmo, é autoestima. Cultivar o que gosta em si não é narcisismo, é amor-próprio.

Reverenciar a si mesmo é um ato de generosidade. Admirar-se é um gesto profundo de amor-próprio. Venderam a ideia que devemos olhar, admirar e elogiar os outros. Claro que podemos olhá-los, porém sem nos esquecermos de nós mesmos. Não caia nessa! Valorize-se. Quando uma pessoa olha mais para si do que para os outros, desenvolve capacidades importantes, como amor-próprio, autoestima, autovalorização, dignidade e autorrespeito.

Ame-se. Cuide-se. Cultive o que você é! Não o que pretende ser.

Alguns investimentos que melhoram sua autoestima: comprar uma roupa de que gosta, caminhar, praticar um esporte que realmente ama, ir a lugares que fazem bem, ler bastante (conhecimento dá poder e autoestima), visitar pessoas que levantam o moral e apoiar-se em gente que o(a) admira. Sempre que puder, vá viajar e conhecer lugares novos sem rotas fixas, interagir com pessoas e culturas diferentes. Essas atitudes ajudam a expandir a mente e experimentar outras formas de amor por si mesmo. Tais qualidades ajudam a fortalecer a autoimagem. Narcisismo é outra coisa.

Pessoas bem-resolvidas investem pesado em si mesmas. Estas coisas lhe farão muito bem: fugir de pessoas que criticam, evitar as que falam e depreciam os outros, catapultar para o espaço os que julgam algo em você, driblar aqueles que não aceitam como você é ou pensa, não contar suas coisas para quem não sabe guardar segredos. Anote situações, contextos, lugares e especialmente pessoas que roubam a alegria, que são muito sérias ou que demonstram algumas práticas tóxicas. Fuja dessas pessoas como um vampiro foge da cruz. Elas nunca farão bem a ninguém, a não ser que você tenha força para enfrentar a maledicência delas. Muitas vezes são pessoas muito próximas, podendo ser inclusive familiares, pessoas que você ama. Mesmo que seja uma prática mais inconsciente do que consciente, é uma prática ruim. Quem é tóxico, mente, desrespeita o outro, coloca-o para baixo e rouba sua autoestima não tem nada para dar.

É justamente sobre dar exemplo do que não fazer. Pouco dão e muito tiram. É importante dizer um sonoro NÃO! Pequenos ajustes podem definitivamente colocar as coisas nos seus devidos lugares.

Acredite, você se sentirá bem melhor com esses pequenos e poderosos truques. Eles farão você entrar em um fluxo de amor e bem-estar contínuo, no qual o amor por você mesmo(a) não será interrompido. Quando conseguir manter esse fluxo de amor por si de forma contínua, você se sentirá livre e essa será sua maior recompensa. Viver no princípio do prazer é sonho cobiçado.

Quando alguém olha mais para os outros do que para si mesmo, desenvolve qualidades espetaculares como generosidade, altruísmo, bondade, empatia, amorosidade, compaixão e simpatia. Quando temos baixa autoestima e falta de amor-próprio, podemos facilmente cair em armadilhas amorosas e ficar reféns de pessoas não saudáveis. Na urgência de achar alguém, na necessidade de um afeto, podemos encontrar amores ditos patológicos, como os nocivos, tóxicos ou abusivos. A patologia abusiva é mais masculina do que feminina.

Enquanto admira a vida, com seus roteiros inesperados, admire-se também.

Quem aprendeu a desenvolver um amor para consigo mesmo tem menor dependência do outro. Evite acreditar que precisa da outra metade da laranja para ser feliz. Até porque nem toda metade que vem de fora é necessariamente completa e saudável. Pode vir um limão. Afinal, é melhor atrair alguém inteiro ou pela metade? É provável que, quando se deixa de esperar pelos outros para construir a própria felicidade, viva-se bem melhor. Quem foca muito no outro para ser feliz corre o risco de entrar em processo de abstinência toda vez que ele se distancia minimamente, podendo se tornar um controlador patológico.

Na excessiva carência e dependência, é comum desenvolver uma doente preocupação pelo cônjuge, transformando o seu sentimento inocente em um amor danoso.

Algumas das características básicas de um amor tóxico e abusivo:

CIÚME POSSESSIVO E COMPORTAMENTO CONTROLADOR

Dificulta que o outro tenha vida social e que saia com amigos(as). Quer a senha das redes sociais e passa a controlá-las veementemente. Controla a hora de chegada, quer saber com quem conversou ou por que estava on-line no WhatsApp. Gosta de opinar ou de se meter no trabalho do cônjuge. Alguns se apropriam do salário do outro.

AFASTAMENTO DE AMIGOS E, ÀS VEZES, DE FAMILIARES

Comumente, quer afastar as pessoas mais importantes do(a) parceiro(a), as que podem mostrar que tem algo de errado no comportamento do abusador, já que a vítima não percebe. Instiga a cortar antigas relações de amizades, inclusive minando-as com pequenas mentiras. Pode colocar um contra o outro, falar mal de um familiar para poder afastá-lo do grupo. É um comportamento parecido com a forma de caçar das leoas, que em bando escolhem preferencialmente os mais fracos e vão separando-os do resto da manada para facilitar a captura da frágil presa. Enquanto isso, os leões, que são mais fortes, cuidam dos filhotes para que não sejam alvos de outros predadores.

COMPORTAMENTO EXPLOSIVO OU AGRESSIVO

No início é muito amável, mas depois, quando algo foge do seu controle, torna-se agressivo e explosivo, convencendo a vítima de que ela merece ser punida porque provocou o fato. No caso de ser questionado ou confrontado, as reações são agressivas. Inicialmente as agressões são de natureza verbal, mas poderão chegar a ser físicas.

PUNIÇÕES E CASTIGO

O poder de persuasão é muito alto. Tudo o que acontece nunca é sua culpa, sempre do outro. Pode trair sua(seu) parceira(o) e, quando descoberto(a), manipula tanto que consegue inverter a situação ao ponto de o outro convencer-se de que merecia o castigo da traição.

MANIPULAÇÃO, HUMILHAÇÃO E CHANTAGEM

Pela excessiva carência e dependência, a vítima não percebe o grau de manipulação e humilhação a que se submete. O abusador pode diminuir, depreciar o corpo, as roupas, a inteligência, chamando frequentemente de burra(o), feia(o), gorda(o), velha(o). Pode depreciar publicamente contando piadas ou debochando de algum sentimento ou comportamento na frente de amigos. São palavras que, ditas de forma recorrente, levam a pessoa a acreditar naquilo. Faz ameaças constantes sobre o término do relacionamento. Os abusados são facilmente manipulados pela culpa. Aqui se observa que pessoas que não sentem culpa facilmente não caem nesse jogo patológico. Em geral, as pessoas que sentem culpa são mais suscetíveis (fracas).

PROMESSAS

O abusador causa sofrimento ao outro. Nas raras vezes em que o abusado protesta e fala em terminar por não aguentar mais o sofrimento, o abusador pede perdão com facilidade e promete mudar, jura que tudo será diferente. Afirma com convicção que ama muito e que o abusado não encontrará ninguém no mundo capaz de amar tanto quanto ele ama. É o suficiente para tirar a força do abusado para sair da relação.

***

É de um estrago inimaginável quando a criança sente a ausência do amor da mãe. É do amor materno que nasce a força do amor-próprio e da boa autoestima.

É quase impossível uma criança que recebeu muitas críticas ter, naturalmente, um amor saudável por si. Quando é muito criticada, além de diminuir o amor pelo agressor, no caso um dos pais (o crítico é um tóxico, um abusador), ela deixa de se amar e de acreditar em si mesma. Pronto, está feito o estrago. Agora será preciso muita terapia, leitura e curso de autoconhecimento para tentar chegar àquele ponto inicial de antes de ter sido machucada.

Com muito custo, inclusive financeiro, é possível recuperar a autoestima. A ida a psicólogos e a psiquiatras virou rotina. A dor maior é passar boa parte da vida colocando tempo e energias valiosas que poderiam ser utilizados a serviço da vida, da sociedade ou de si mesma para curar algo que tecnicamente não deveria ter sido ferido. Mas a vida é como ela é. Na busca pela cura, um caminho para dentro de si é iniciado. Quantas descobertas incríveis estão à espera dos buscadores.

Relacionando-nos é que nos conhecemos e nos descobrimos.

Sabemos que somos feitos de aspectos bons e ruins. Enquanto estamos nos relacionando, nossa luz e nossa sombra surgem, e assim vamos interagindo também com o mundo interno, com aquilo que surge somente quando estamos no estado de "relacionamento sério". Um dos melhores cursos de autoconhecimento que podemos nos dar é um relacionamento, pois evoluímos pouco quando estamos sós. Afinal, os solitários se relacionam mais com o que ou com quem?

Por temer tanto a rejeição, a "vítima" de um relacionamento abusivo se submete a tudo. As pessoas que se submetem a relacionamentos tóxicos não se percebem como pessoas dignas ou merecedoras de respeito, especialmente de afeto. Esse tipo de conceito nasce na infância. Quem teve um lar com violências físicas ou psíquicas, com um pai que agredia a mãe, com cenas desrespeitosas com o cônjuge, com problemas de alcoolismo, com abuso infantil e/ou outras mazelas vai ter uma queda por amores abusivos. Aprenderam com o relacionamento dos pais que o amor está intimamente associado à dor. A química, a atração sexual e o desejo são direcionados de forma inconsciente para aquelas pessoas que têm atmosfera de algozes, de prazer por ferir, abusar, manipular, inverter a culpa e cometer maus-tratos psíquicos e físicos. A sensação é de que encontrou a alma gêmea. É muito provável que seja o encontro de duas grandes necessidades: a de abusar e a de ser abusada.

Quando duas grandes necessidades se encontram, é comum se pensar que é um encontro de almas gêmeas. A criança que presenciou abusos na casa da infância, agora na vida adulta será fatalmente atraída por amores tóxicos. Brigas, humilhações, términos, choros, manipulação pela culpa, perdão, promessas de reconciliação. É um ciclo vicioso e danoso. Danoso e vicioso.

Sem ajuda é bastante difícil alguém romper sozinho com relacionamentos dessa natureza. Enraíza-se uma dependência emocional e em muitos casos financeira, crenças de que o(a) parceiro(a) irá mudar, sentimentos de desvalorização e de culpa, de tal forma que o abusado não tem forças para escapar. Sair com poucos danos já é uma vitória.

O auxílio da terapia é necessário. É imperativo buscar ajuda. O rompimento tende a ser difícil, por isso devemos saber avaliar quando é o momento certo para encorajar-se e ir em direção ao socorro.

É extremamente importante reconhecer quando algo está indo longe demais e se encontra fora de controle. É necessário deixar que relacionamentos dessa natureza acabem. Às vezes pode ser arriscado e até mesmo perigoso iniciar um novo caminho, mas permanecer preso ou estagnado sem dúvidas pode ser mais danoso.

É bom relembrar que se custar a paz, pode ser caro demais.

Nem todos os desenlaces são felizes. Parece que temos essa tendência a querer finais felizes e até românticos. É quase uma doença querer que todos os encerramentos de ciclos sejam lindos. Alguns até podem ser, mas não é regra. Certos términos são necessários, indicados, por mais que causem dor.

Nem sempre deixar ir é um abandono. Pode ser a própria cura.

Raramente o algoz vai à terapia. Por defesa, por resistência, por vergonha do enfrentamento de si mesmo, por medo do terapeuta, por reconhecer que o que faz é nocivo, maléfico, e por outras razões.

Acompanhei vários casos de relacionamentos abusivos. Não têm muito êxito, mas em alguns foi possível quebrar o paradigma da violência.

Quando a vítima e o algoz buscam ajuda com real interesse em tratar o que tanto lhes fere, a chance de esse relacionamento se tornar saudável aumenta consideravelmente. Para tal, ambos têm o dever de honrar os contratos feitos na terapia, manter a fidelidade no tratamento, fazer os temas de casa — tarefas dadas pelo terapeuta com a finalidade de contribuir para o processo terapêutico: consultar um advogado para tirar dúvidas sobre os direitos e deveres de uma possível separação, presentear a esposa com as passagens de avião para as tão sonhadas férias etc. — com responsabilidade, assumir com excelência sua parte (50%), ter assiduidade nas sessões e comprometimento com os resultados.

Esse tipo de tratamento requer um tempo relativamente longo para que o sucesso seja consistente. Com o auxílio da terapia, é possível conquistá-lo. Quando as pessoas querem buscar a origem e os caminhos para resolverem seus conflitos e suas dificuldades, por mais complexas que aparentem ser, seguramente encontrarão respostas às suas necessidades.

O amor é irremediavelmente uma construção de possibilidades, de caminhos, de projetos e de destinos. O amor não é projeto concluído. Ele se faz na rotina do relacionamento, no exercício diário do dar e do receber. Em um relacionamento adulto as pessoas apoiam-se, respeitam-se, valorizam a cumplicidade, aceitam o outro como realmente é. A pessoa com quem você está se relacionando pode ter alguns comportamentos de que você não gosta, mas isso não é suficiente para deixar de amá-la.

O oposto do amor abusivo é demonstrar o real interesse pelo outro, pelas suas coisas, apoiar aquilo que deixa a pessoa feliz e ajudar nos pontos em que o outro necessita.

Amar é dar o seu melhor, esquecendo um pouco de si para preencher o outro. Amor é preenchimento.

Devemos apoiar o crescimento do outro, ajudando no seu progresso nas diferentes áreas. Um casal maduro faz de tudo para crescerem juntos dando a máxima contribuição para o engrandecimento do casal. São duas forças estimuladoras que querem o mesmo resultado. A felicidade não seria uma boa meta a ser conquistada? "Não existe um caminho para a felicidade. A felicidade é o caminho", disse o monge Thich Nhat Hanh. Junto, um casal pode transformar os impedimentos em recursos, as dificuldades em aproximação calorosa e os sonhos em aventuras prováveis. Tal amor é, sem dúvidas, uma das maiores forças motivacionais que podemos encontrar pelo caminho da vida.

O amor pode ser uma grande dádiva para os que se encorajam a experimentá-lo.

CAPÍTULO 12
FERINDO O CÔNJUGE

"Quem não sabe enxergar o que tem, vive como se não tivesse nada."

Autor desconhecido

Creio que os casados já entenderam que as brigas e os conflitos vão fazer parte do relacionamento para o resto dos seu dias. Por brigas não se deve compreender um jogando a cadeira no outro, espancando o cônjuge, quebrando coisas dentro de casa ou cometendo outros delitos domésticos de maior monta — muito embora essas coisas aconteçam com uma frequência relativamente alta e sejam feitas por pessoas que aparentemente possuem boa estrutura emocional.

Esses comportamentos mais densos são agressões. Toda e qualquer agressão compreende algum tipo de violação. Onde ela se apresenta mais contundente, existe a indicação para fazer uso de medicamento controlado para a segurança de si e dos demais.

A vida moderna estressada e competitiva faz subir os níveis de ansiedade e de raiva. Com poucos espaços livres na agenda para liberar as cargas tóxicas de sentimentos reprimidos, alguns países criaram salas de raiva, locais para que coisas sejam quebradas, rasgadas e chutadas, entre outras liberdades, para extravasar a raiva contida. Dá-se o nome de catarse ao processo de purgação e liberação de cargas emocionais tóxicas oriundas de traumas ou do estresse.

Sempre cabe investigar as razões pelas quais um surto ou outras agressões aconteceram. Esse tipo de agressão, tão grave e irracional, não pode ser caracterizada como briga ou conflito e já configura crime previsto em lei.

Existem brigas ínfimas de menor importância. Brigas que no momento parecem ter muita relevância, mas cujo motivo será esquecido daqui a alguns dias. É muito importante que conflitos dessa natureza aconteçam, porque são nesses desabafos diários ou semanais que vamos cuspindo fora aquilo que os outros nos forçam a ingerir. Estes fazem um mal importante, notadamente, para aqueles que engoliram passivamente.

Esses vomitados verbais são de grande necessidade, especialmente para aquele tipo de personalidade que precisa brigar para se sentir viva e amada.

Quando estão brigando, o cérebro dessas pessoas entende que está dando e recebendo atenção e afeto.

São aquelas reprimendas deste tipo:

— Você ainda não lavou a louça? Ainda não foi ao mercado? Não ligou para seus pais? Eles já ligaram duas vezes atrás de você! Esqueceu das frutas? Trouxe tudo do mercado, menos o que mais precisava? De novo com dor de cabeça? Sei que está me evitando sexualmente, mas é seu dever transar comigo! Já não lhe pedi mil vezes para não deixar as roupas e calçados espalhados pela casa? De novo essa comida, você já não a fez essa semana? Meu Deus, como que pode demorar tanto para se arrumar?

Não seria tragicômico relacionar todas as queixas, frases e dizeres do cotidiano de um casal?

Devemos encarar isso como normal. É como relembrar as brigas entre irmãos quando éramos mais jovens ou crianças. É impressionante ver alguns tipos de conflitos que as crianças promovem entre si. São pequenas disputas por quem é mais forte, por ciúmes dos objetos ou por quem tem mais atenção dos pais. A maioria delas também não teve grande relevância depois de alguns dias. Claro que dá para fazer uma associação da natureza das brigas vividas na infância com o tipo de conflito que trazemos e reproduzimos no relacionamento atual. Se foi uma criança briguenta para ter amor e atenção, certamente continuará sendo um adulto insatisfeito e reclamador.

A disposição por brigar hoje está intimamente ligada às reproduções dos conflitos da infância, mudando apenas o seu contexto.

***

Certa vez recebi no consultório um homem ansioso que iniciou logo sua narrativa antes mesmo de se sentar:

— Sou casado e há poucos dias comemoramos quatro anos de casamento. Eu e minha esposa estamos chegando àquele ponto da relação em que sentimos que parece que falta algo para transformar a nossa casa em um lar, para fazer a passagem de relacionamento conjugal para relacionamento familiar. Porém, acredito que temos que resolver um "velho" problema. Nós dois desejamos ter um bebê, mas não estou me sentindo seguro de que é este o momento para tal alquimia acontecer.

Na época que ele buscou a terapia estava acontecendo uma prática abominável no seu relacionamento. Tal fato colocava em dúvidas se ele deveria continuar com o casamento, muito embora estivessem planejando ter filhos. Mesmo que uma prática seja comum, até socialmente aceita, não significa que não seja maléfica para o relacionamento ou para um dos parceiros.

Relatou que sua esposa era maravilhosa, mas eles não estavam em um bom momento. Possuíam um problema na esfera da sexualidade e era difícil chegarem a um bom termo. Esse foi o motivo inicial do tratamento. Como a terapia percorre diferentes áreas da vida do indivíduo, ele acabou trazendo um outro motivo que vinha causado sofrimento:

— Minha esposa é profissional da área da saúde e atende várias clientes durante seu trabalho. A grande maioria de suas clientes são do sexo feminino. Ela é muito amável, simpática e adora conversar com as pessoas sobre todos os assuntos. O problema é que ela fala demais. Conta nossas coisas para as pessoas que nem são íntimas, na verdade são somente suas clientes. Ela acha que são suas amigas. Temos discutido muito, visto que eu não tolero essa situação. Acho muito errado, além de ser desrespeitoso conosco. Não aceito e ponto final. Como ela atende várias mulheres cujos maridos são meus amigos, elas contam para eles e alguns me ligam dizendo que minha mulher está me detonando por aí. É um telefone sem fio, sem contar que muitas coisas são mentirosas e outras exageradas. Eu odeio isso que ela faz porque fica nos expondo desnecessariamente — desabafou, entristecido.

O conceito de agressão modificou-se muito durante a evolução da humanidade.

O que ocorre nesse caso é considerado um tipo de agressão, por mais inocente que à primeira vista possa parecer. Quando a evolução moral de uma sociedade for mais adiantada, milhares de pequenas agressões deixarão de existir. Tais ferimentos causam profundos e expressivos machucados, dilacerando sentimentos muito nobres, tais como a confiança e o amor.

Em grande parte os ferimentos acontecem dentro do próprio relacionamento. São os ferimentos domésticos efetuados contra um dos cônjuges e, embora estejam previstos na lei, não há uma efetiva proteção. Nem sempre são de pouca gravidade. É relevante lembrar que tais comportamentos são repetições da infância, aprendidos com os pais ou nas reuniões familiares.

O que uma geração não resolve, a outra reproduz. Inicialmente, as ofensas morais vão sendo gritadas por muitos e escutadas por poucos e à medida que a humanidade evolui moralmente, as leis acompanham essas necessidades humanas. As falhas humanas de comportamento acabarão sendo apontadas pela lei, mais dia, menos dia. A questão não é apontar por apontar, mas sim avançar nos mecanismos de proteção de todos. Vejamos algumas práticas que escuto com frequência no consultório, "inocentemente" abusivas, mesmo que sejam em "tom de brincadeira". Sempre são trazidas para a terapia com cargas de mágoa, tristeza e sentimento de desproteção:

- Falar mal do cônjuge para quem quer que seja, incluindo amigos, familiares ou outras pessoas.
- Contar piadas depreciativas insinuando que o cônjuge é um dos personagens.
- Fazer chacotas, por exemplo, chamando de magro(a), gordo(a), feio(a), velho(a) e outros adjetivos pejorativos, especialmente na frente de outras pessoas.
- Humilhar, constranger ou criar um desconforto diante de amigos e familiares sob as mais variadas possibilidades.
- Falar da vida privada, especialmente a íntima.

- Expor ou ridicularizar o cônjuge nas reuniões festivas da grande família (quando todos ou quase todos os membros de um sistema familiar se reúnem) que ocorrem nos finais de semana, tornando público algo que só diz respeito ao casal e sem consentimento do outro.
- Permitir que um membro da família de um dos cônjuges — parentes em geral — fale algo que possa constranger publicamente o outro.
- Falar mal, depreciar ou usar da comparação com algum parente do cônjuge (sogros, avós, irmãos).

Essas e outras várias práticas opressoras agridem o moral. À medida que compreendemos esses comportamentos rudes como causadores de mal-estar, vamos deixando-os de lado.

Sob nenhuma hipótese um ser humano pode ferir o outro. Os atos de civilidade sempre devem imperar sobre os atos da brutalidade.

Alguns comportamentos não deveriam mais existir, visto que já são reconhecidos como danosos. Talvez todos os pratiquem uma vez ou outra, porém a ideia é que desapareçam do convívio humano. Para muitos, práticas ruins são entendidas como normais, como parte da sua cultura, de seus comportamentos habituais, por isso pode causar estranheza mudar. Mas não são saudáveis. Atitudes como essas são consideradas práticas de bullying e são entendidas como danosas e abusivas para os que têm que se submeter a elas. Normalmente quem levanta a bandeira de que isso é um exagero é justamente quem pratica tais atitudes.

Por mais que não reconheçamos, há um dizer clássico que explica esse comportamento: "A gente defende aquilo em que acredita". Então quem defende que bullying não é prática danosa, por honestidade a si mesmo, continuará fazendo, até porque quem faz, pouco ou nenhum dano sofre.

Quando alguém tem necessidade de queixar-se do cônjuge, deve lembrar que existem espaços terapêuticos nos quais os segredos depositados ficam guardados dentro dos ouvidos e do coração de quem os escuta. Ao menos deveriam.

Mesmo diante de amigos e até de alguns familiares, é importante saber que nem todos os segredos confidenciados são realmente guardados tão somente para si. Para alguns, compartilhar tamanha e insuportável carga faz-se necessário. Existem amigos que são ótimos para ouvir segredos, mas péssimos para guardá-los.

Sugiro entregar com muito carinho as preciosas confidências para hábeis ouvidos. Há que se ter força moral para guardar segredos.

No caso do paciente em questão, sua esposa foi chamada para algumas sessões de terapia de casal. Conversamos conjuntamente sobre as queixas do esposo. Ambos chegaram à conclusão de que as atitudes eram mais inocentes do que maldosas. Durante as sessões, foi levantado que na família dela é prática comum e que as pessoas não se queixam. No decorrer das sessões, ela lembrou que ouviu algumas reclamações informais de outras pessoas da família, especialmente dos novos membros que entraram no seu sistema familiar.

Devemos esquecer o mal que nos fizeram. Isso é absolutamente necessário para prosseguirmos em paz, para ter sossego no coração.

Felicidade exige esforço. Ela não brota do nada. Resultados felizes surgem quando focamos aonde queremos chegar. A grande maioria de nossos comportamentos tóxicos provêm de onde viemos. É a grande escola da vida. Quando realmente mudamos um comportamento, podemos mudar o destino de várias pessoas que estão diretamente envolvidas no processo. Mudar implica deixar algo para trás. Mudança é uma troca de lugar. Você deixa de estar aqui para estar lá, há uma perda e um ganho. Sempre. No caso do casal, a mudança gerou um lindo garotinho de olhos negros.

É certo que não serão felizes para sempre sem algum tipo de esforço.

Todos buscamos a famosa paz interior, mas, para tal, temos que ao menos acomodar vários problemas pendentes, não importando de que natureza são. A paz é absolutamente um dos grandes e verdadeiros privilégios que um ser humano pode conceder para si, entretanto ela é construída quando resolvemos os nossos problemas. Alguém sabiamente disse: "Silêncio não é a ausência de barulho, e sim de conflitos".

De toda situação ruim podemos tirar valiosas lições, aprender o que quiseram dizer ou mostrar. Caso contrário, corremos o risco de repetir a mesma lição.

Não há possibilidade de ter paz com muitas coisas por resolver.

CAPÍTULO 13
E QUANDO O PASSADO RESSURGE?

"A mentira nunca vive o suficiente para envelhecer."

Sócrates

Para muitos, estar apaixonado é o suficiente. Nada mais importa. Não se interessam pela história pregressa, pelo passado da pessoa com quem estão se envolvendo. Os fatos passados, dizem, são fatos passados e não devem ser olhados. O que importa é daqui para a frente, o que conta é o que se construirá. Afinal de contas, quem não tem passado? Quem nunca errou?

Outros tendem a ser mais cautelosos ao entregar o seu coração. Entregam aos poucos, contando os passos numa direção que lhes pareça ser segura.

De uma entrevista de emprego:

— Fale um pouco sobre você. Qual é a sua história? — pergunta a entrevistadora para o candidato a um cargo importante da empresa.

— Não posso — respondeu o entrevistado.

— É uma exigência da entrevista! Por qual motivo você não pode? — exclamou surpresa a solicitante.

— Melhor não! Eu preciso desse emprego.

Certa vez um palestrante e escritor de livros espíritas esteve na cidade em que moro para divulgar sua última obra literária. Ele falou algo na palestra que me deixou pensativo:

— Quando estamos desencarnados, isto é, fora da carne, vivendo no mundo dos espíritos, aquilo que temos de melhor fica mais aparente. Nossas virtudes se expressam mais livremente, já que a energia não é tão densa. Então tudo fica mais leve e suave, condizente com a energia do lugar. Nossos defeitos, nossas sombras, nossas qualidades ainda não amadurecidas ficam mais ocultas, não aparentes, inconscientes.

Ele continuou com sua explicação e eu procurei seguir seu raciocínio.

— Quando estamos encarnados, isto é, quando o espírito está aprisionado no corpo, não se encontrando tão livre assim e tendo uma experiência corpórea na Terra, dá-se o inverso. Nossas sombras, nossos defeitos, nossos sentimentos mais primitivos, como egoísmo, orgulho e outras mazelas humanas, apresentam-se mais visíveis e mensuráveis para que a pessoa perceba quais virtudes lhe faltam aprimorar. Isso porque a energia das pessoas e do próprio planeta é mais densa. Então o que é mais pesado no ser humano fica evidenciado.

— A Terra é um dos planetas configurados para que os seres de energia mais primitiva se aprimorem e se purifiquem, atingindo assim níveis mais altos de conhecimento e sabedoria. Os sentimentos mais nobres permanecem ocultos, latentes, em segundo plano. Caso o indivíduo esteja em um nível mais elevado de consciência, as virtudes surgem com mais força que as sombras, evidenciando seu grau evolutivo de controle sobre si e sua maior liberdade desses defeitos. Nessas pessoas, as virtudes são mais visíveis que as sombras mesmo em um local mais denso, demonstrando a força do espírito sobre a matéria.

Fiz uma analogia com o que ocorre no início das relações. No início dos relacionamentos há um esforço espontâneo do indivíduo para dar e mostrar o que tem de melhor, de mais maravilhoso.

As melhores virtudes brotam livres e soltas. Há uma tenra e suave manifestação do melhor gesto, do melhor amor e carinho. Isso é natural, é da natureza humana, integra a estrutura do amor. Esse mecanismo vivo e pulsante tem a finalidade de proteger o amor, do contrário poderia não dar frutos.

Por outro lado, no início é comum esconder o pior dentro de nós, aquelas coisas que vamos entregando somente depois que a intimidade e o vínculo estejam construídos ou em construção adiantada. Isso também é natural, essa dinâmica faz parte dos mecanismos da arte de se relacionar. Se não fosse dessa forma, provavelmente o amor não aconteceria tal como o conhecemos. Isso não é falso como alguns costumam pensar. Como conquistar alguém se, de cara, a pessoa mostrar suas esquisitices, suas manias, seus defeitos, enfim, sua parte mais detestável? Nenhum pretendente arriscaria manter-se. Todos fugiriam!

Fariam como o escritor modernista brasileiro Manuel Bandeira em seu poema "Vou-me embora pra Pasárgada":

"Vou-me embora pra Pasárgada

Lá sou amigo do rei

Lá tenho a mulher que eu quero

Na cama que escolherei

Vou-me embora pra Pasárgada"

Tudo fica mais fácil no mundo de Pasárgada, não há desafios nem limites. Tudo pode acontecer sendo amigo do rei. Todos os desejos são atendidos sem esforço. Não há nada a temer, nada a conquistar e nada a esconder porque lá a vida é fácil demais.

***

Rafaela, 36 anos, procurou terapia por estar perdidamente apaixonada por um homem de 42 anos:

— A química entre nós é de outro mundo. Uma amiga nos apresentou e foi amor à queima-roupa. Foi uma paixão avassaladora que pegou fogo desde o início. Nunca tinha sentido algo semelhante na minha vida.

Estavam juntos há dois anos. Relatou que achava muito esquisito o jeito que ele olhava para a sua filha de oito anos, fruto do seu primeiro casamento:

— Aquele olhar me incomoda demais, chego a suspeitar que ele possa fazer algo de ruim para a minha pequena. Não tenho sossego, estou neurótica. Sempre fui muito imaginativa e esses pensamentos estão me matando.

Ela estava em dúvida se era "neura" ou pressentimento. No seu estado de vigilância permanente, logo notou que a ansiedade, o medo e a preocupação subiram a níveis insuportáveis. Não tinha mais paz. "Um amor sofrido demais", disse. Não queria ser injusta com ele, mas estava em grande sofrimento psíquico. Uma coisa era certa: não queria um desditoso futuro para a filha.

Relatou que nunca sofreu abusos ou molestações quando criança, ou mesmo mais tarde. Quando alguém sofre assédios ou outras situações traumáticas na infância, um alerta permanente pode ficar latente, que deve ser tratado. A vítima pode enxergar "pelo em ovo", como se diz na linguagem coloquial. As defesas ficam superexcitadas, hipersensíveis. Começa a nevar na Argentina e a pessoa já se enche de casacos aqui no sul do Brasil.

Quando uma pessoa viveu algo traumático, os sentimentos podem ficar um tanto confusos quando a vida real traz eventos que fazem alguma conexão com os conteúdos dolorosos vividos. Algo aconteceu com a arquitetura psíquica da pessoa, houve uma espécie de desestruturação de aspectos da mente. Por conta disso, é fácil interpretar equivocadamente alguns fatos que podem estar relacionados com os acontecimentos traumáticos. Rafaela precisava trazer a verdade dos fatos à luz ou desmascarar a sua fantasia; a realidade ou uma profunda desolação.

Sugeri que a paciente buscasse informações sobre a infância do atual companheiro com tios, tias ou avós, especialmente aqueles com quem tivesse mais afinidade. Ela tinha um ótimo relacionamento com a avó dele. Por mais que pareça um clichê, basicamente as respostas para quase todas as perguntas estão lá, no ambiente em que tudo começou, na idade sagrada: a infância. Quando não são encontradas, talvez seja porque a lupa utilizada não foi a ferramenta mais adequada.

Pressentia que seu castelo estava sujeito a ruir a qualquer momento. A verdade pode doer, não restam dúvidas. Por esse motivo tantos a evitam a todo custo. Preferem pagar mais caro pelas mentiras do que suportar a verdade. A verdade tem inteligência própria. Ninguém consegue manipulá-la por muito tempo. Quando menos se espera, ressurge das cinzas igual a uma fênix.

Falando em fênix... Conta-se que no Antigo Egito existia uma maravilhosa ave, com o corpo coberto por uma plumagem dourada e avermelhada com matizes roxas, de uma beleza inigualável. Possuía um bico alongado, extremamente duro e perfurado por orifícios que emitiam incríveis melodias lembrando os sons de uma flauta. Muito raramente agraciava o mundo com seu canto, porém, quando cantava, a melodia era extasiante, encantando a todos que tinham o privilégio de ouvi-la. Algumas lendas sobre essa extraordinária ave apontam que a fênix vivia cerca de quinhentos anos, ao passo que outras narram que entre suas mortes e renascimentos poderia chegar a viver por mais de 90 mil anos. A nobre ave, ao se aproximar da sua morte, providenciava uma pira incendiária composta de canela, mirra e sálvia e autoincendiava-se. Nesse instante, melodias harmoniosas profundamente entristecidas emanavam do seu canto que magicamente tocava o coração de todas as criaturas vivas que a escutavam. Cantava para seu próprio funeral. Em solidariedade, muitos animais morriam junto com ela, hipnotizados pela celestial melodia. Do fogo nasceram brasas, das brasas surgiram cinzas, e do meio das cinzas ressurge a fênix renascida mais viva e bela do que nunca.

Assim tem sido a manifestação da verdade. Em dado momento, magicamente surge renascida do seu silêncio magistral — cinzas — para o bem de todos. Bem... nem sempre é boa para todos! Mas ela cumpre o seu papel, é isso que realmente importa.

Rafaela adiava a busca por uma suposta verdade. Após algumas sessões resistindo, decidiu encarar seu tema. Foi à cata de uma história que fizesse sentido a tudo aquilo que vinha suspeitando. Algo que ligasse o passado com o presente. Ou era uma fantasia sua, ou aqueles pressentimentos realmente carregavam informações. Por vezes, atrás de algumas portas estão alguns dos tesouros que tanto se buscam. Falta a coragem de dar o primeiro passo.

Existe um momento mágico no desenvolvimento da criança. É maravilhoso. Sempre que quer sair do berço para explorar seu vasto e "infinito" mundo, os quartos, a sala, a cozinha, o escritório, o banheiro, ela grita para que alguém a tire do berço (cercadinho, cativeiro). Em um certo dia ela decide sair por conta própria do seu cercadinho e descobre que nunca mais dependerá de ninguém para sair dali. "É um pequeno passo para um homem, um salto gigante para a humanidade", frase atribuída a Neil Armstrong, conhecido mundialmente por ter sido o primeiro homem a pisar no solo lunar. Assim se sente o bebê. Depois desse dia, nunca mais será o mesmo. Dizem por aí que o primeiro passo pode não levar uma pessoa exatamente para onde ela quer ir, mas certamente vai tirá-la de onde está.

Em conversas com a avó do seu companheiro, encontrou o que tanto evitava. Ele sofreu abusos durante alguns anos por um adulto amigo da família. Foi um "Deus nos acuda". Brigas, ameaças de morte, e por fim, no lugar de denunciá-lo, preferiram expulsá-lo da cidade. E assim foi feito. O que Rafaela iria ouvir a seguir tiraria-lhe o chão.

— Houve alguns rumores — prosseguia a avó — de que ele teria molestado algumas garotas, mas nunca conseguiram provar nada. — A avó, na ânsia pela defesa do neto, negava aquilo que certamente também a machucava. Rafaela, à medida que ouvia, sentia um misto de dor e de alívio, sua cabeça rodopiava. Seu coração queria rasgar o peito para poder respirar um ar mais puro. Era uma conversa tóxica, difícil de digerir. Juraram segredo uma para a outra. Ele jamais poderia desconfiar das revelações que aconteceram naquele dia.

Em muitas situações a verdade precisa ser protegida.

Neste mesmo instante, no mundo inteiro, decisões difíceis estão sendo tomadas. Algumas acertadíssimas, outras nem tanto. Dizem que todos têm medo da mudança, do novo, do desconhecido. Será que é do novo mesmo? Conhece alguém que não gosta de novidades? Quem não se sente atraído por algo fora da sua rotina? Será esta a direção certa para se olhar? Não seriam somente dificuldades para se desapegar daquilo que se conhece? Quem gosta de largar o que conquistou? Se basicamente toda a cultura está voltada ao apego, não seria este o medo, a dificuldade?

Rafaela estava dividida. Ela precisava fazer uma escolha. Sabia disso, sabia o movimento mais adulto a ser feito. E não tinha muito tempo. A qualquer momento algo muito desolador poderia acontecer.

Muitos sabem exatamente o que devem fazer, mas não fazem. Incrível isso, não?!

Quantos estão caminhando de forma imatura em direção à morte? Ao escrever isso, lembrei-me do meu pai. Sua ansiedade era realmente alta e decidiu tratá-la da forma como muitos a tratam: com cigarros. "Medicamento" muito utilizado no mundo inteiro para tratar a ansiedade. Estima-se que no mundo uma a cada cinco pessoas fumam. Ele fumava duas carteiras de cigarros por dia. Certa vez perguntei-lhe gentilmente:

— Pai, o senhor percebe que está procurando a morte por tanto fumar?

— Sim, olhando dessa forma.

— Mas então o senhor quer morrer? — A vida toda chamei-o respeitosamente de senhor.

— Claro que não!

Assim se encontrava Rafaela. Seu íntimo a cobrava sobre o que deveria ter sido feito ainda "ontem". Nem um dia a mais. Cada dia postergado poderia denunciar uma tragédia previamente anunciada que marcaria a vida delas para sempre, especialmente da filha. Entretanto, estava demorando demais para tomar a atitude acertada. Procrastinava. "Amanhã eu termino essa relação". A cada dia ela transferia a decisão para amanhã, alegando que eles gostavam muito um do outro.

Certa tarde Rafaela sentiu um desconforto físico e passou mal no trabalho, tendo que retornar à casa com pressa. Ao chegar percebeu um silêncio incomum, não havia ninguém na sala e nem na cozinha. Notou que o chuveiro estava ligado. Um frio se iniciou na barriga e tomou conta de todo o corpo. Adentrou bruscamente o banheiro, escancarando a porta, e o que viu deixou-a apavorada. Seu namorado e sua filha estavam tomando banho, ele sem vestimenta alguma que pudesse proteger a menina, uma sunga, uma bermuda ou mesmo uma cueca. Esses banhos estavam expressamente proibidos de acontecerem. Não houve ato de abuso sexual, mas a cena em si foi suficiente para fazê-la perder a confiança nele. Naquele mesmo instante uma força apoderou-se dela, fazendo-a puxar a filha pelo braço e pedir para o homem retirar-se da casa. Depois de muitas tratativas, ele aceitou ir e não voltou mais.

É necessário avaliar com propriedade que tipo de amor está sendo construído para si. Nem sempre é possível fazer uma análise de si ou do seu contexto de forma imparcial. Por isso a ajuda externa, um olhar apurado. Foram várias sessões para que ela realmente fizesse o que já deveria ter sido feito há um bom tempo. Entre a conversa com a avó do companheiro e a tomada definitiva da decisão foram quase 90 dias.

Tudo o que acontece é no tempo certo da pessoa. Não existe tempo perdido.

Muitos insistem com a seguinte narrativa:

— Perdi muito tempo com aquele relacionamento, deixei ir longe demais para tomar uma decisão.

São falas típicas de quem tem o hábito de responsabilizar os outros pelos seus atos, de achar culpados pelas suas escolhas, além de revelar alto grau de ingratidão. Interpretam como se somente eles dessem para a relação e pouco ganhassem. Pode ocorrer que a realidade mostre justamente o contrário. Tais interpretações provêm do meio em que receberam uma espécie de treinamento — que alguns chamam de educação — de que são melhores do que os outros, como se tivessem sangue azul correndo em suas veias, uma nobreza especial. Uma coisa é certa: essas pessoas terão sérios problemas de relacionamentos, inclusive com seus pais.

Não há problema algum em errar. Está tudo bem se algo não deu certo. A vida é um ciclo interminável de novas possibilidades. Onde será que estão as melhores aprendizagens? Nos finais ou nos recomeços? Resposta complexa.

A infância sempre retorna para todos. Cada pessoa traz a sua com seus acontecidos: os traumas, o abandono dos pais, a falta de amor, os conflitos importantes (especialmente com a mãe), a separação litigiosa e insana, a alienação parental, os abusos sexuais, os maus-tratos, as críticas excessivas, o bullying, a violência familiar, o alcoolismo, a violência física... e tantos outros. Os efeitos da infância prosseguem indisfarçáveis por todas as fases da vida. Não é possível escondê-los. Além do mais, evitar a dor é carregá-la dentro de si por mais tempo, isto é, evitá-la é enganar a si mesmo. Os problemas têm uma ânsia por se mostrarem, por se revelarem. Que engenharia é essa? O que realmente move essa força?

A parte incrível de uma verdade é que ela possui muitas outras verdades, muitas interpretações.

***

Maria Isabel, 29 anos, conheceu um homem de 26 anos atencioso, prestativo e muito amoroso.

— Uma coisa chamou minha atenção: ele se preocupava com meu passado. Fazia várias perguntas, até a respeito da minha infância. Eu estava amando seu interesse pelas minhas coisas. Queria saber os pormenores das minhas histórias, especialmente dos meu relacionamentos. Eu gostava daquilo. Ele ouvia atentamente sem perder um detalhe. Quanto mais informação eu dava, mais radiante ele ficava. Contei tudo o que aconteceu, com quantos fiquei, com quantos transei e quem eram essas pessoas. Fui me abrindo e revelando minha intimidade sem filtros. Ele também se abria e se revelava. Era uma espécie de segredo nosso. Eu não tinha tanto interesse em saber do seu passado, especialmente no que se referia às mulheres com quem ele tinha ficado ou transado. Sentia-me um tanto desconfortável.

— Após um tempo de namoro, ele começou a 'jogar na cara' e me cobrar justamente as coisas que tanto queria saber. Foi infernal. A relação começou a ser tóxica inicialmente, depois abusiva. Quando a gente encontrava, em um bar ou restaurante, alguém com quem eu tinha me envolvido no passado, o prazer acabava naquele instante. O resto da noite e os dias seguintes eram só xingamentos e acusações. Sempre tentei acalmá-lo, mas sem sucesso. Uma amiga me contou que ele já tinha perdido dois relacionamentos anteriores por causa desse comportamento. Depois de alguns meses de sofrimento, compreendi que não dava mais para viver daquela forma. Para você ter uma ideia, dos sete dias da semana, um era muito bom e o resto uma porcaria!

Buscou terapia para analisar, compreender e resolver. Foi uma separação dolorida. Hoje está em um processo de reconstrução. Ainda o ama, chora por tudo o que aconteceu e por ter perdido um grande "amor", mas está decidida a não voltar.

Afinal, é muito importante conhecer o passado? É crucial conhecer um pouco ao menos do passado de alguém com quem se pretenda seguir uma vida junto. Já ouvi histórias mirabolantes, divertidas até, de pessoas que se tornaram verdadeiras detetives investigativas sobre o passado de algum pretendente. É controle demais.

O passado sempre ressurge em algum ponto do relacionamento.

Se apertar o botão certo, um gatilho da infância pode ser acionado. Todos têm algo para amadurecer, resolver. Isso é absolutamente normal. O que se pede é que haja maturidade para reconhecer quando algo não vai bem e que haja busca por ajuda. Basicamente, todos os problemas podem ter algum tipo de socorro disponível. Quem não quer ter uma vida emocional boa e saudável? É como o ditado popular: "Se quer sentir borboletas, passe pelas metamorfoses".

Por outro lado, não conte todo o passado. Ele é seu. Somente seu.

Todo mundo tem o direito de abrir a "caixa preta" ou não. Abri-la o quanto e até onde quiser. O ser humano, devido ao seu nível de humanidade evolutivo, ainda julga o outro sem perdão. Ainda não está preparado para todas as verdades dos outros. Deseja ouvir, mas teme escutar. É paradoxal, dual. Cada um tem uma espécie de "tábua de mandamentos" que chama de critérios ou valores. Tente contar algo obscuro que não condiz com essa tábua e observe a reação. Mesmo das pessoas mais próximas.

Respeite sua história mesmo que seja carregada de pequenos erros. Todas as supostas falhas pertencem a um contexto que somente quem viveu pode compreender. E quem acerta sempre torna-se um chato, além de perder a chance de aprender. Alexandre Herculano, escritor português, disse: "Eu não me envergonho de corrigir os meus erros e mudar de opinião, porque não me envergonho de raciocinar e aprender". Não seria dessa forma que uma pessoa, aos poucos, torna-se sábia?

À medida que a proximidade entre duas pessoas vai acontecendo, as intimidades vão sendo expostas para que o vínculo se consolide. A partir desse instante, os segredos se revelam naturalmente e um dos maiores pilares de um relacionamento surge: a confiança. Como se constrói essa magnífica ferramenta?

A confiança se conquista com pequenas verdades.

CAPÍTULO 14
DEIXAR IR É ABANDONO?

"Responsabilidade afetiva é evitar estragos emocionais na vida dos outros."

Autor desconhecido

Muitos acreditam que uma fé inabalável pode salvar seu relacionamento, que tecer preces pode resolver seus atritos. Pode ajudar, mas não há garantias de que seja realmente eficiente. São os adequados comportamentos e as atitudes maduras que podem garantir o sucesso de uma relação.

As crenças pessoais não necessariamente fazem uma pessoa ser adulta, ser melhor ou conseguem validar um casamento. Da mesma forma, nenhuma religião fará uma pessoa ser bondosa se essa pessoa não quiser ser. As atitudes, as ações e os comportamentos podem fazer com que uma pessoa seja melhor e mais completa.

Os completos podem dar com mais propriedade que os incompletos.

Quando o amor-próprio está em desequilíbrio, a possibilidade de existir um relacionamento saudável é menor. Por exemplo, se o amor-próprio anda em baixa, o indivíduo será carente ou pedinte de amor, por conseguinte, terá pouco para dar — estará vazio demais. Caso tenha amor-próprio em excesso, beirará o narcisismo, então estará apaixonado por si, excessivamente preenchido, não tendo espaço para outra pessoa. Terá pouco a oferecer.

Tanto o carente quanto o narcisista necessitam de amor. Freud, neurologista, psiquiatra e criador da psicanálise, atribuiu o termo Narcisismo para aquele indivíduo que possui amor exagerado por si mesmo, sobretudo por sua imagem. Essa excessiva vaidade traz complicações para seus relacionamentos justamente por ter necessidade de ser constantemente admirado.

Conta-se que, na Grécia Antiga, o Deus Cefiso e a ninfa Líriope tiveram um filho de beleza estonteante. Como era de costume na época, um adivinho foi consultado para saber se o filho teria vida longa. O mestre adivinho disse que ele teria, desde que jamais contemplasse a sua própria imagem. Caso isso acontecesse, uma maldição se apossaria do seu futuro.

Narciso apresentava uma beleza incomum para a época. Contudo, era arrogante e possuía sentimentos de superioridade e falta de empatia — características primordiais da pessoa narcisista. Narciso era possuidor de dons para a caça, o que acabou atraindo olhares de várias caçadoras, ninfas e donzelas das redondezas. Mesmo com várias mulheres o assediando, preferia estar sozinho com sua própria companhia, visto que não havia encontrado ninguém que merecesse o seu amor. Eco, uma das ninfas, apaixonou-se perdidamente por Narciso, mas ele, preferindo a si próprio, não lhe deu atenção. Eco era vingativa e procurou por Nêmesis, a Deusa da Vingança, que rogou a seguinte maldição a Narciso: "Que Narciso se apaixone com muita intensidade, mas não consiga possuir a sua amada".

A mãe de Narciso orientou o belo jovem a nunca olhar a própria imagem para que a deletéria maldição não se concretizasse. A insistente e vingativa Eco acabou atraindo Narciso para um lago a fim de matarem a sede. Quando Narciso abaixou-se para beber, viu pela primeira vez sua estonteante imagem de uma beleza sem fim. Ao observar seu rosto, apaixonou-se perdidamente pela imagem de si mesmo. Completamente fascinado contemplando sua face, sua boca, seus olhos e seus cabelos, Narciso acabou hipnotizado pela própria beleza e, mesmo sabendo que não poderia desfrutar daquele ser refletido na água, ficou paralisado até a sua morte. Conta o mito que no mesmo lugar em que morreu, nasceu uma linda flor amarela de pétalas brancas — a qual foi chamada Flor de Narciso.

Por conta desse mito é que as pessoas narcisistas são compreendidas como egocêntricas, encarando dificuldades em amar outras pessoas, uma vez que já estão excessivamente preenchidas de si. Não há espaço para outros porque já estão enamoradas por alguém: elas mesmas.

O ser humano é resistente por natureza. Quando se olha verdadeiramente para seu mundo interno e reconhece algum comportamento ruim, incômodo para si ou para outrem, ainda pode-se demorar anos ou uma vida sem conseguir modificá-lo.

Alguns padrões repetitivos são de fato danosos para si e para o relacionamento. Caso a pessoa não esteja determinada a transformá-los em padrões melhores, não conseguirá. É necessário treino, foco, algum tipo de terapia e especialmente vontade.

É comum alguém reconhecer que algo atrapalha sua vida e não se permitir melhorar, não fazer nada para evoluir. Normalmente, a mudança se dará quando houver um amadurecimento do sentimento, uma convicção de que só uma transformação pode salvar sua vida, seu relacionamento e outras vidas.

Um único padrão pode ter força suficiente para destruir vidas.

Eu já presenciei, no consultório e fora dele, padrões familiares recorrentes, de gerações anteriores, com alto poder destrutivo. Existem famílias nas quais o divórcio se apresenta em elevado número. Os avós divorciaram-se, a filha também e a neta segue o mesmo padrão familiar.

Parece ser força impositiva. É curiosíssimo perceber os movimentos repetitivos. O avô foi alcoólatra, o pai também e o filho imitará seus antecessores. O avô traía, o pai traiu e o filho já mostra tendências a trair.

Repetir não é crescer. Por quais motivos repetimos comportamentos com os quais não concordamos? Como acontece a identificação com esses fatídicos e danosos comportamentos? Os padrões estão alojados no nosso inconsciente, fazendo com que eles brotem espontânea e automaticamente, sem passar pelo crivo da mente racional; emergem quase que por instinto. Normalmente os padrões são cópias dos pais, daqueles que vieram antes de nós. Pela convivência, aprendemos com eles, como disse Bert Hellinger: "Copiamos para ter o direito de pertencer, para sentir que fazemos parte do grupo familiar".

Para validar a inclusão, reproduzimos a conduta dos pais, inclusive os comportamentos maléficos dos quais não gostamos.

***

Joana procurou ajuda porque o marido usava cocaína. O casal tinha seis anos de casamento e um filho de três anos. Ele já usava a droga durante o namoro, mas ela acreditava inocentemente que ele abandonaria o vício sem ajuda e que, com o amor de ambos — que por sinal era tocante e enternecedor —, ele poderia superar e vencer a necessidade do uso da droga.

Depois de um tempo do relacionamento ela decidiu engravidar do primeiro filho, mais pela sua vontade do que pelo desejo dele. Era uma tentativa de construir um lar. Acreditava que a gravidez pudesse trazer um pouco mais de maturidade ao marido, estabilidade para a relação e que a paternidade pudesse sensibilizá-lo para largar a droga. Não foi bem isso o que aconteceu. Logo percebeu que tinha duas crianças para cuidar: o marido e o filho. Após muita insistência, convenceu-o a buscar ajuda.

Levou-o pela mão a psicólogos e a psiquiatras especialistas em drogas, sem muito sucesso. Quando falavam de internação para desintoxicação, ele trocava de médico. Eram promessas nunca cumpridas, repetidas mentiras, resistência e negação. Ele olhava mais para a droga do que para ela ou para o filho. Não restavam mais dúvidas: os entorpecentes eram mais importantes do que a família. De tanto lutar, de tanto insistir sem resultados, após longas conversas, ela cansou.

Muitos buscam ajuda para conseguir conviver com aqueles que deveriam estar fazendo terapia.

Ela já tinha visto esse filme no casamento dos seus pais. Seu pai era alcoólatra incurável. Não aceitava nenhum tipo de socorro. Joana se lembrou do sofrimento da mãe e de sua profunda depressão por não ter conseguido vencer a luta contra o álcool; lembrava-se dela dizendo aos prantos: "Vou ter que tomar remédio a vida inteira por causa do seu pai".

Quantos vão à terapia ou tomam medicamentos para suportar um peso que muitas vezes não é necessariamente seu?!

O fato é que ser mãe de marmanjo cansa. Como é desgastante ser mãe de um adulto-criança arrogante que acha que não necessita de ajuda. A primeira invalidação é a cegueira de não ver o estrago, as angústias e os sofrimentos que são causados aos que o cercam e amam. Note! Não são seus inimigos, são os que o amam. Muitos casais descobrem que não têm um adulto em casa, e sim um filho ou uma filha, uma vez que o marido ou a mulher nunca existiram em tal grau de maturidade.

Descoberta dolorida.

O desamor que há por si próprio é a causa do desamor que existe pelo outro. Ao invés de crescerem, recorrem às drogas lícitas ou ilícitas para entorpecer a vida e os sentimentos.

Quantas relações tornam-se desastrosas por algumas pessoas se recusarem a crescer, uma vez que não conseguem se tornar adultas, ou por lidarem de forma negativa com os fracassos produzidos por elas mesmas? Existe o dito: "Muitos se afogam, não por terem caído no rio, mas por permanecerem no fundo".

São os adultos-crianças, pessoas que por diversas razões da infância, hoje, utilizam mecanismos infantis para punir os pais, resistindo a crescer e a assumir seu papel na vida, no mundo e na sociedade.

Quantos ficam presos numa postura acusativa aos pais ou a outros membros da família, estacionados nessa dinâmica infantil? Em vez de ocuparem seu espaço na vida, esperam que outras pessoas ocupem o lugar de seus pais. Algumas ainda anseiam que o cônjuge preencha suas dores mal resolvidas do passado. Era o caso desse homem-menino que toda vez que tinha decepções corria para a droga igual à criança que, percebendo algo ameaçador, recorre ao colo do pai, ao seio da mãe ou à chupeta como fonte de segurança e proteção. Na fase "adulta", substituem esses afagos infantis pelas drogas.

Os pais falharam, não tenho dúvidas. Vejo isso todos os dias na terapia.

É bom lembrar, entretanto, que eles deram o que tinham de melhor. Deram o máximo de si. Assim deveríamos olhar para esses heróis, que frequentemente são colocados no banco dos réus de diversas cadeiras sofisticadas de consultórios nas mais diferentes linhas terapêuticas. Os pais sempre farão parte do processo terapêutico em função de estar na infância a chave de tudo. Praticamente só há uma maneira de compreender o hoje: estudar o ontem, entender o que aconteceu nos ciclos anteriores. Hoje somos filhos, amanhã seremos pais.

Cada um, na sua perspectiva, tem sua razão e sua verdade, tanto os pais quanto os filhos. Não existe nada que seja absoluto, nada. Todos são parcialmente proprietários das verdades.

A cura no relacionamento com os pais é um bom legado para as próximas gerações. Uma grande satisfação da vida é conseguirmos transpor essa dificuldade e construir uma ponte maravilhosa com eles.

É um amor único, ímpar e quem alcançar essa dádiva seguramente terá leveza na vida e terá conquistado um grande feito. Não há possibilidade de ser feliz de forma completa enquanto houver sentimentos mal resolvidos com os pais.

***

Lembro-me de Joana ter perguntado:

— É possível se divorciar gostando, amando?

— Sim, mas esse tipo de separação pode ser bastante dolorida — eu respondi.

Joana tentou de todas as formas fazer com que o marido de fato curasse a sua doença, e cada vez mais ele se apresentava agressivo e ameaçador. Nunca quis ir à terapia, embora várias tentativas fossem feitas. Ele não lhe deu outra possibilidade a não ser a separação. Joana lhe deu ciência da decisão. É justo e maduro comunicar ao parceiro o que irá fazer.

Muitos constroem a separação de forma silenciosa e unilateral. É um gesto leal?

Lembro-me de situações de maridos que chegaram ao consultório aos prantos dizendo que a esposa pediu o divórcio, que a decisão já estava tomada, e que nada, absolutamente nada iria fazê-la mudar de opinião. Em um dos casos um paciente relatou que a ex-mulher chegou a dizer para ele que fazia oito anos que estava construindo a separação, sem nunca ter comentado sobre o assunto com o companheiro.

Muitos casais desconstroem juntos seu relacionamento, com danos mínimos. Fazem terapia para construir a separação sem danos, sem efeitos colaterais graves especialmente quando têm filhos, demonstrando uma preocupação pelo melhor destino das crianças. Talvez seja uma separação modelo, embora não tão comum. Querem continuar próximos, amigos, desejam participar juntos dos momentos mais importantes da vida dos filhos, não serem inimigos e tampouco maldosos um com o outro.

Combinam de não utilizar nenhum mecanismo danoso às crianças, especialmente não utilizando práticas da alienação parental, que é basicamente instigar e nutrir na criança sentimentos negativos contra o pai ou mãe. A alienação é uma espécie de programação na mente inocente da criança que pode causar sérios distúrbios: manipulação psicológica perigosa e danosa, abuso psíquico e violento, desejo de excluir o ex-cônjuge ou outro membro da família. Alguns danos são irreparáveis para as crianças abusadas psicologicamente e os efeitos perversos aparecerão claramente no futuro.

***

Deixar ir é abandono? Joana compreendeu que nem sempre a separação é um abandono. Para ela foi um ato de amor e respeito por si mesma, escolhendo a proteção, a saúde e a possibilidade de recomeço. Libertou-se de um domínio tirano em que a droga consumia aos poucos a liberdade e a vida de todos. Hoje ela tem paz no coração e na alma e está segura de que fez a coisa certa para si e para o filho.

Para muitas relações, o divórcio é uma boa indicação. Às vezes é melhor deixar ir ou deixar-se ir para outros rumos mais saudáveis e mais atraentes. A vida é uma roda que gira de forma incessante. O que está embaixo, no momento certo, subirá, e o que está em cima descerá. A descida e a subida fazem parte da roda da vida. Existem ensinamentos que só estão disponíveis quando se está no topo da montanha, ao passo que outros saberes serão conhecidos quando se está no vale.

Ah, a vida! Essa força pulsante, dinâmica; divina tecnologia que conhece todos os caminhos, todas as direções e todos os destinos. De tudo e de todos.

O casamento não precisa ser uma luta. Para alguns parece ser uma disputa, uma competição, uma batalha para ver quem ganha ou quem está com a razão. Certamente o divórcio é, para milhões de casais, a melhor escolha, o acertado caminho para trilhar uma nova história sem danos para si e para os filhos.

A cura de muitos sintomas é simplesmente afastar-se da pessoa tóxica.

CAPÍTULO 15
O BUDA FURTIVO

"Algumas pessoas acham que não precisam se esforçar para manter o que conquistaram."

Autor desconhecido

A principal causa de morte entre as mulheres advém de doenças cardiovasculares. De acordo com o Ministério da Saúde, as mulheres têm 50% mais chances de ter um infarto em comparação aos homens. Uma em cada cinco mulheres corre o risco de ter um infarto. Ainda, segundo a OMS (Organização Mundial da Saúde), as doenças cardiovasculares provocam a morte de um terço de todas as mulheres do mundo. Isso é um indicativo de que as mulheres estão cada vez mais estressadas.

Relembrando: alguns milhares de anos atrás, os homens partiam de casa para caçar mamutes, rinocerontes, bisões e outros animais de grande porte (não se trata de uma grande tese sobre esse período, e sim de uma observação simples do movimento humano). As mulheres ficavam em suas casas-cavernas e eram responsáveis por outras tarefas, dando bom destino aos alimentos provindos da caça e de suas coletas. Alimentavam a si, aos filhos e ao companheiro, que arriscava tudo pelas provisões da família. Essa configuração de o homem ir para o mundo, ir à luta, e a mulher ficar por perto das cavernas, deu-se pela desigualdade da força física; o mais forte travava as mais duras batalhas.

Os homens corriam riscos, enfrentavam bárbaros desafios e tinham que criar várias estratégias de sobrevivência para terem êxito em suas jornadas. Por outro lado, tinham aventuras, emoção e adrenalina à beça. Para as mulheres nem tanto, porque cuidar da caverna era menos emocionante. E onde há menos riscos, é possível que haja menos adrenalina e emoções.

***

Praticamente tudo muda com o tempo. As mulheres, observando os homens em suas batalhas diárias pelo alimento, aprenderam a fazer o que eles faziam; então a necessidade, que é a força que movimenta tudo e todos, foi tirando-as de casa.

Alguns historiadores apontam que durante a Primeira e a Segunda Guerra Mundial, quando os homens foram defender suas pátrias queridas, as mulheres tiveram que tomar conta dos negócios de seus maridos e também de suas posições no mercado de trabalho. As guerras terminaram e muitos milhares de homens não voltaram para casa, então elas basicamente foram obrigadas a deixar o lar e seus filhos e forçadas a continuar com os negócios de que seus homens dispunham.

Assim se deu uma nova formatação do trabalho e uma repaginada na configuração do sistema familiar. Nesse período, o modelo capitalista se solidificou em quase todo o mundo, as máquinas e as empresas surgiram com força e a mão de obra foi requerida pelo ansioso e voraz mercado de trabalho.

Ambos os regentes do lar foram à luta e o lar ficou um tanto à deriva.

As mulheres, que eram somente esposas e mães, nunca mais voltaram para casa. Saíram com dor no coração, pois sabiam, na alma, que não mais regressariam ao lar. Um profundo pressentimento dizia que era para sempre esse movimento do feminino em direção ao universo masculino.

O tempo passa como sempre, nunca para e nunca descansa. E tudo se modifica. Não há progresso sem a "mão" do tempo. Aliás, nada existiria sem a sua ação. Deveríamos reverenciá-lo mais.

Hoje as mulheres concorrem com os homens em todas as dimensões possíveis com maestria e qualidade. Ficaram tão boas ou melhores em tudo o que era território quase que exclusivo dos homens. Provaram que mesmo com seu delicado toque feminino se tornaram muito eficientes e, para isso, estudaram e trabalharam duro naquilo que decidiram fazer. Não podemos confundir delicadeza com fragilidade. Elas não são mais o sexo frágil, se é que algum dia foram. Mostraram ao mundo e a si mesmas que são maravilhosas profissionais em todas as áreas possíveis, mesmo com a reconhecida desigual premiação financeira. E se não lhes deram espaço, foram lá e o conquistaram com bravura e competência.

Não seria bom ver o mundo com mais governança do feminino? Muitos afirmam que a sociedade seria menos corrupta, menos bélica; teríamos mais negociadoras em diferentes necessidades, afinal, treinaram a vida inteira com seus maridos e filhos.

Seríamos mais diplomatas, e o mundo teria menos autoritarismo e mais amor.

Os homens são bons em força e estratégia, e as mulheres são ótimas em bom senso e na manutenção da paz. Esse cenário de futuro se desenha bem. Possivelmente, restou uma fragilidade cultural: muitas ainda acreditam que precisam da força, do apoio do masculino para atingir seus propósitos. Mas, em poucos anos, nem isso será mais necessário. Então uma nova era poderia ser profetizada e revelada, em que a união dessas duas forças, do masculino e do feminino, traria o equilíbrio global que buscamos desde que o mundo é mundo.

Porém, tudo tem dois lados. Ao mesmo tempo que angariaram altos postos de crescimento pessoal, as patologias que eram quase exclusivas dos homens recaíram sobre elas como insidiosa consequência. Um exemplo clássico é o estresse, que tecnicamente é uma reação do organismo a situações emocionais que exigem muito e que ele não consegue administrar. Muitas doenças fatais se iniciam a partir de um simples processo de estresse. A equação matemática que não fecha é que as mulheres foram para o mundo e muitos homens não fizeram o movimento compensatório. Hoje elas trazem dinheiro para casa e acumulam, sobremaneira, muitas tarefas. Os homens, por outro lado, ainda continuam com a fiel adoração ao sofá. O sofá parece um templo com seu Buda sentado em surda e meditativa posição de Lótus, e a serviçal esposa correndo para todo lado, por tudo e por todos. Gritam incompassivas por socorro, mas o furtivo Buda está meditando. No momento, não pode ouvir.

Elas estão cansando dessa brincadeira, acreditem. E estão indo embora. Não é o emprego que está estressando as mulheres, é a fadiga do lar. A carga e a sobrecarga domésticas estão aborrecendo e adoecendo as esposas.

Estudos apontam que os relacionamentos são um dos grandes fatores de estresse para as mulheres. Alguns chegam a afirmar que mais de 50% das angústias provêm de seus relacionamentos, de seus casamentos.

É necessário despertar do meditativo entorpecimento e ir ao supermercado e à fruteira mais vezes, por exemplo.

Como equilibrar a equação? Lembrar sempre que, para uma relação ter força para prosseguir, precisa haver equilíbrio entre o dar e o receber. Esse é um preceito de Bert Hellinger. Toda relação que não segue esse princípio básico está correndo perigo de desmoronar. Não se sabe quando, mas é certo que vai.

Por necessidade ou por inteligência, as mulheres saíram de suas acomodadas cavernas e adentraram no campo do masculino com cuidado e maestria, adquirindo consideráveis conhecimentos ao ponto de competirem com os homens. Cabe então ao homem, por compensação, amor ou solidariedade, entrar no solo do feminino com sutileza e virtuosidade. Precisa aprender a ser mais compassivo para que os destinos se encaixem e se completem.

São nos pequenos e diários gestos de amabilidade que investimos no encantamento da relação.

Ajudar nas tarefas diárias, mesmo que seja em pequenas doses, para os casais que estão tendo problemas, não seria uma forma de fazer uma justiça reparadora?

Tudo começa dentro de casa. Simplesmente tudo. Mesmo que seja o início do fim.

CAPÍTULO 16
AS DOENÇAS E AS PESSOAS SOLTEIRAS

"Podemos voar sozinhos, mas quando voamos juntos é muito mais divertido."

Osho

Creio que muitos viram, em um desses vídeos que circulam pelos grupos de WhatsApp, uma repórter entrevistando uma senhora de 104 anos:

— Qual é o segredo para viver tanto? — inquiriu a repórter à risonha anciã.

— Você quer saber realmente o segredo para se viver muito? — respondeu a espirituosa senhora com outra pergunta.

— Sim, gostaria muito de saber. Aliás, não somente eu. Talvez o mundo todo! — exclamou a repórter com ar triunfal, como se estivesse prestes a descobrir e evidenciar ao mundo uma extraordinária revelação.

— Está bem! — completou a entrevistada, respondendo para finalizar a questão. — É só não morrer!

PESSOAS SOLTEIRAS MORREM ANTES

Quem afirmou isso foram pesquisadores da Universidade de Louisville, nos Estados Unidos, a partir de uma análise baseada em 90 estudos anteriores envolvendo mais de 500 milhões de pessoas. Os homens solteiros carregam um prejuízo maior, pois têm 32% de risco de morte a mais do que os casados e as mulheres solteiras correm risco de morte de 23% a mais do que as casadas. Ainda, o estudo aponta que as pessoas solteiras têm entre 7 e 17 anos de vida a menos que as casadas.

PESSOAS SOLTEIRAS ADOECEM MAIS

A University College London (UCL), de Reino Unido, fez uma pesquisa sobre a relação entre estado civil e demência envolvendo 812 mil participantes. As pessoas solteiras têm 42% a mais de chances de desenvolverem demência se comparadas às pessoas casadas. De acordo com a pesquisa, a interação social constante que o relacionamento dá ajuda a construir uma reserva cognitiva e mais resiliência para suportar e lidar com doenças. Se por um lado um relacionamento tem suas exigências, frustrações e dificuldades, por outro ele traz muita saúde, aconchego, afeto, bem-estar e longevidade.

HOMENS SEPARADOS COMETEM MAIS SUICÍDIO DO QUE OS CASADOS

Será que ainda não sabemos viver por um tempo sozinhos? Ou será que não aguentamos nossa própria companhia? É possível que consideremos detestável passar algumas horas, dias, semanas ou mesmo alguns meses com nós mesmos. Seria essa a razão?

Temos tanto medo de nós mesmos que emendamos um relacionamento no outro sem nos permitirmos fazer um luto decente, doído e respeitoso com nossos sentimentos. Por qual razão temos tanto medo do que sentimos?

Naturalmente seria benéfico buscar algum tipo de ajuda para abrir o coração aos poucos. Não seria mais razoável abrir a caixa-preta do que sentimos ao invés de sufocá-la ou de guardá-la em algum lugar obscuro do corpo?

O CASAMENTO AUMENTA A SOBREVIDA DOS CARDÍACOS E DIABÉTICOS

As pessoas casadas têm menos risco de infarto em função de levar uma vida mais regrada e saudável. Um ajuda a cuidar da saúde do outro, sendo que o cuidado é mais frequente, mais qualificado e duradouro. Cuidar faz bem ao que dá atenção e ao que recebe. Essas atenções básicas de saúde se dão tanto no campo físico quanto no psicológico, considerando que sempre temos alguém com quem dividir e compartilhar as frustrações e as alegrias de forma terapêutica e sistemática.

Muitos pais se sentem responsáveis por transmitirem um bom modelo de saúde aos filhos, então acabam melhorando sua relação com a comida, com a bebida e com as drogas como um todo. As pessoas solteiras correm muito mais riscos em virtude de seus cuidados serem possivelmente apenas eventuais ou pontuais. Além do mais, quando nos preocupamos com alguém, é comum que esse alguém também se preocupe conosco.

QUEM CUIDA É CUIDADO, QUEM AMA É AMADO

São muitas as pesquisas pelo mundo sobre os efeitos do casamento na saúde do indivíduo. As notícias têm sido mais favoráveis ao grupo de pessoas que estão casadas. Um estudo científico do Instituto do Câncer Dana-Farber, nos Estados Unidos, concluiu, após analisar mais de 700 mil pessoas, que o câncer tem mais chances de progredir em indivíduos solteiros em comparação àqueles que possuem um relacionamento.

NÃO TEMOS NATUREZA SOLITÁRIA

Nas últimas décadas parece que o mundo nos quer solitários, separados ou solteiros por alguma razão. Será por que sozinhos somos mais fracos? Seria mais fácil manipular pessoas solitárias e carentes? Com a explosão dos smartphones, mais do que nunca estamos investindo em um afastamento familiar e social. Todos, de alguma forma, reconhecem que a distância causa solidão e infelicidade.

Aprender a ficar sozinho por algum tempo é uma bênção, uma grande capacidade. Talvez possamos, em alguns momentos da vida, ficar sozinhos e lidar com a solidão sem adoecermos, sem nos deprimirmos, sem que a ansiedade ou a angústia vão parar lá nas alturas.

A SOLIDÃO CRÔNICA DÓI E NÃO É POUCO

"Você pode sobreviver, mas sobrevivência não é vida", disse Osho. Osho foi professor de filosofia e mestre na arte da meditação. Publicou mais de 600 livros e possui mais de 300 mil seguidores espalhados pelo mundo. Propôs ideias revolucionárias sobre amor, sexo e meditação. Recebia mais de 100 mil pessoas por ano em seus Ashram (centros de meditações dos tipos dinâmica e ativa) e também nos ciclos de palestras. Seus livros mais famosos são: "O livro da sua vida"; "O livro do ego — liberte-se da ilusão"; "A semente da mostarda"; "Aprendendo a silenciar a mente" e "Amor, liberdade e solitude — uma nova visão sobre os relacionamentos".

Os relacionamentos saudáveis são considerados excelentes antídotos para momentos difíceis ou ruins. A solidão em muitos países é considerada uma epidemia. Um exemplo disso é o Japão, já que meio milhão de japoneses vivem isolados. Provável que seja esse um dos motivos da alta taxa de suicídio, chegando a ser uma das mais elevadas do mundo. É uma sociedade norteada por regras rígidas. As pessoas não são treinadas para expressarem os seus sentimentos, e sim para reprimi-los. O destino de todo sentimento é a sua própria expressão; eles existem para serem sentidos e manifestados, caso contrário, para que serviriam? Senti-los e soltá-los (expressá-los) é como respirar: "Respire e solte"; "Deixe o ar entrar e sair dos pulmões". Pessoas que reprimem seus sentimentos tendem a ficar mais doentes. Em uma educação na qual os modelos são mais rígidos e conservadores, há muita repressão de sentimentos, e todo sentimento reprimido tende a se voltar contra o seu repressor na forma de doenças.

No Japão, olhar diretamente nos olhos dos outros pode significar ferir uma regra de etiqueta. O contato visual é chamado de Shisen e Awase e, mais por respeito que timidez, evitam um prolongado olho no olho, já que é entendido como ofensa ou intimidação. Esse costume faz parte das regras da sociedade japonesa e eles demonstram de outras formas respeitosas o interesse pelo diálogo com os outros. Tal formalidade cria afastamento entre as pessoas, diferente da nossa cultura em que conversar olhando nos olhos é sinônimo de honestidade e integridade. A cultura não deveria sobrepujar a natureza humana tirando das pessoas o que elas têm de melhor, que é a espontaneidade e a sua essência.

NADA DEVERIA REPRIMIR A EXPRESSÃO PURA E SINGELA DO SER

Quando a necessidade nos obriga a sair do ambiente familiar muito cedo, há por franca consequência um afastamento precoce da família e também dos valores por ela inseridos. Esse fenômeno traz mais individualismo.

Aquilo que vivemos rotineiramente se torna uma marca para nós.

Quanto mais investimos na individualidade, mais longe do coletivo nos posicionamos.

"Somos feitos da mesma matéria dos sonhos", disse Shakespeare. Nosso corpo é a materialidade do próprio eu. Somos o que pensamos, o que sentimos, o que falamos e o que comemos.

As doenças são denúncias de problemas, de que algo não vai bem em nossas vidas. A doença vem declarar que estamos presos em algum ponto, resistindo ao crescimento, não aceitando a vida que temos. Quanto mais abertos a novas possibilidades estivermos, menos doenças físicas e psíquicas construiremos.

Doenças são confissões silenciosas dentro de nós, que devemos olhar melhor com o coração e a mente abertos.

Deepak Chopra, médico indiano radicado nos Estados Unidos, escreveu em um de seus livros: "Somos as únicas criaturas na face da terra capazes de mudar nossa biologia pelo que pensamos e sentimos. Nossas células estão constantemente bisbilhotando nossos pensamentos e sendo modificadas por eles". Com base nisso, podemos afirmar que temos a capacidade de acelerar ou retardar a construção das doenças ou das curas que nós mesmos criamos em nosso organismo. O que nós pensamos e sentimos acaba afetando diretamente quem convive conosco e influenciando todos ao nosso redor.

UMA "FARMÁCIA" DISPONÍVEL

Nosso corpo tem milhões de anos de evolução. O cérebro humano tem uma magnífica "farmácia" disponível para fazermos uso, e de graça.

Para aumentar o prazer, temos a dopamina.

Para desenvolver empatia e apego, temos a ocitocina.

Para regular o sono, o humor, o apetite e a sensibilidade, temos a serotonina.

Para a dor, temos como analgésico a endorfina.

Um maravilhoso sistema voltado para a cura. Veja que incrível.

O cérebro humano disponibiliza também gratuitamente químicas pesadas e tóxicas que podem ser ativadas. Basta acioná-las com pensamentos e sentimentos tóxicos, negativos, como pessimismo, desesperança, raiva, ódio, revolta, tristeza, mágoa, medo e vingança. O cérebro também está equipado para construir enfermidades brandas, densas e até mesmo destrutivas.

Está em nossas mãos se queremos investir nosso dinheiro na saúde ou em outras possibilidades mais felizes. Cada vez mais estamos conscientes, compreendendo que somos senhores de quais caminhos queremos seguir e que somos responsáveis por eles.

É provável que nossa saúde comece na mente, no coração, na paz e no amor.

Temos controle sobre alguns ou talvez todos os mecanismos biológicos do nosso corpo. Muitos cientistas e estudiosos do assunto afirmam que a mente tem poderes, e conforme escolhermos, podemos usá-los para manter a vida ou acelerar a morte, para construir saúde ou doenças. A mente, nesses casos, compreende nossos pensamentos, sentimentos e emoções. Nossa saúde não provém somente dos médicos ou da própria medicina. Na verdade, o que os remédios fazem é recuperar os estragos que fizemos a nós próprios.

Após meses ou até anos, surgem doenças do "nada" na nossa vida, causando-nos surpresa, indignação ou mesmo revolta com a vida ou com Deus. Somos os únicos responsáveis diretos por tudo o que nos acontece. Terceirizar é fácil, assumir é processo dolorido.

Muitos podem adoecer ou desenvolver doenças por imaturidade ou por necessidade. Algumas pessoas já compreenderam que ganham atenção, carinho e afeto somente quando estão doentes.

É uma tendência humana diante das doenças acionar o gatilho do cuidado, da afeição ou de instintos maternais. Há uma intrínseca vontade de sermos mais caridosos ao entrarmos em contato com a doença alheia. Muitos tiram proveito disso.

Podemos barganhar com doenças, podemos chantagear e até manipular. Podemos ter vários ganhos que não teríamos na condição de saudáveis.

Aqueles que ganham com a doença são interpretados como manipuladores e chantagistas. Não se pode dizer isso toda vez que alguém adoece. Mas, com atenção, é possível encontrar pessoas do seu meio familiar ou social que funcionam exatamente dessa maneira. Não precisa ser psicólogo para perceber.

Relacionamentos, especialmente os positivos, afetam nosso humor e nossa felicidade, aumentando a possibilidade de ter melhor saúde e gratificante longevidade. As pessoas que têm um relacionamento têm aumentada a chance de felicidade quando comparadas àquelas que vivem sozinhas. Excetuam-se as que vivem em relações tóxicas.

Nossa casa, nosso lar, é um dos melhores lugares para se estar. Também é maravilhoso viajar. É muito gostoso ir, mas é ainda mais delicioso voltar. A sensação é de prazer e de felicidade quando chegamos em casa e somos recebidos por pessoas que amamos e que nos amam. Incluem-se os animais nesse contexto de lar.

Os animais de estimação também cumprem uma função afetiva dentro de um lar. Eles ocupam um lugar e uma função. Os animais merecidamente recebem o título de membros da família, justíssimo por tudo o que têm feito. O cachorro, por exemplo, é um grande instrumento para:

- Curar a autoestima;
- aprender a criar vínculos;
- curar da solidão;
- preencher vazios deixados por algo ou alguém que saiu do sistema familiar (quando alguém morre, separa-se, ou quando os filhos vão embora);
- desenvolver capacidades de amar e permitir-se ser amado;
- reaprender a brincar;
- aprender a investir na amizade;
- brigar e amar prontamente (amor sem condições e sem punições, recursos que muitos ainda não possuem);
- e até mesmo curar doenças.

Segundo o Instituto Pet Brasil, "em 2020, a população mundial de animais de estimação cresceu 1,7% frente a 2019. Os felinos foram a categoria com maior crescimento (3,1%), seguida por cães (2,1%), répteis e pequenos mamíferos (1,7%) [...]. Um dos motivos apontados para a procura dos pets é o sentimento de solidão causado pela pandemia do coronavírus."

O jornalista Juar Arias, do jornal El País, na coluna Opinião, observou que a tendência de ter pets irá aumentar. Segundo ele, as famílias brasileiras já têm mais "PETernidade" que paternidade. É a cultura observada em países mais ricos, em que as mulheres estão indo em busca de melhores salários e maior liberdade para cuidarem de si e do corpo. A maternidade de pets é menos desgastante física e psicologicamente do que de crianças.

Nem todas as pessoas têm vocação ou desejos para a maternidade/paternidade. Há um crescente número de casais que preferem dedicar-se a suas carreiras e a seus hobbies. Expressam o seu amor aos animais reproduzindo neles o processo de humanização. Veem neles um amigo, um filho ou até mesmo um terapeuta.

Todos os animais têm algo a ensinar aos seres humanos, são mais desenvolvidos em alguns aspectos. Aquilo que somos, ensinamos a ser.

É deprimente não ter ninguém para esperar, nenhum amor para desfrutar, nenhum ninho para se aconchegar. Amar é o grande antídoto de toda patologia, seja ela física ou psíquica.

É triste não ter ninguém para pensar ao ouvir uma música romântica ou nenhum abraço para dar e receber. Essas necessidades são básicas, vêm das entranhas, são telúricas.

O melhor medicamento preventivo ainda é o amor. Ele é carregado de substâncias que curam: carinho, atenção, troca, sexo, elogios, afeto, colo, apoio, parceria e segurança.

Relacionar-se é desenvolver o maior patrimônio que o ser humano pode construir: a capacidade de amar e deixar-se ser amado.

CAPÍTULO 17
DESCONSTRUINDO A RELAÇÃO

"Não sabemos desistir de nada. Só sabemos trocar uma coisa pela outra."

Freud

O casamento é a expressão máxima de um relacionamento. Não seria, portanto, o destino provável de toda boa relação? No relacionamento do casal, espera-se que as pessoas se adaptem às suas normas. Sempre existirão regras, que servem para proteger as pessoas e para serem cumpridas.

Quem teve boa relação com os limites recebidos dos pais acata as regras de um relacionamento com pouco ou sem sofrimento algum. Apenas reconhece a importância e faz a sua parte sem grandes esforços, sem resistência. Não é submissão, e sim maturidade emocional.

O casamento é a união de dois grandes sistemas. Quando alguém casa, não casa somente com a pessoa, e sim com um sistema todo. Depois de um tempo, as pessoas se dão conta disso. Debaixo da pele, dentro das veias, correm dois sangues distintos.

A outra pessoa tem dentro dela a força das ideias, dos conceitos e dos comportamentos de dois sistemas: o sistema pai e o sistema mãe. Juntando com os seus, somam-se forças de quatro sistemas.

E todas essas forças atuam conjuntamente dentro do relacionamento. Quantas dinâmicas decorrem da união desses sistemas? É comum notar que algum comportamento do marido que desagrade possa ter vindo do pai dele. E vice-versa: algum comportamento da esposa que desagrade pode ter sido originado de sua mãe.

Muitos comportamentos que eram dos nossos pais agora são nossos. Por conseguinte, têm chance de interferir no relacionamento atual, podendo ser danosos e levar o caos para a relação. Ou levar a relação para o próprio fim.

Um dos principais motivos que ocasionam divórcios é não compreender as necessidades do cônjuge. O descaso pelas necessidades do parceiro(a) põe todo o sistema em risco.

Um casamento pode ser entendido como uma completude daquilo que falta para ambos. E sempre falta algo. Busca-se no cônjuge um meio de ser feliz e preenchido, dando ao outro, em contrapartida, o que ele necessita.

Para alguns, a sua felicidade reside em ver ou fazer o outro feliz.

A nobreza da consciência está em reconhecer as práticas catastróficas que fatalmente podem levar o relacionamento ao abismo. Essa é a primeira parte do enredo do amor e muitos nem chegam a esse ponto. Negam, não admitem, não dão a devida importância. Geralmente, são os que mais sofrem no caso de haver divórcio. Quantos apresentam dificuldades para se posicionarem com humildade e reconhecimento diante das atitudes que podem colocar o casamento numa corda bamba?

Nossa insensatez acaba ferindo os outros e nós mesmos. O papel da terapia, em um primeiro momento, é apontar, descortinar, identificar esses padrões para posteriormente trabalhá-los. Contudo, além da atitude admirável de reconhecer os padrões sabotadores, a cura reside em mudar esses comportamentos e ter novas ações. É um processo complexo porque exige mudanças de hábitos que possuem raízes profundas, e muitos hábitos resistem porque é fantasiado que mudar é sinônimo de sofrer.

Não são as mudanças que causam sofrimento, e sim a resistência a elas. Essas defesas rígidas mais atrapalham do que ajudam.

O papel das defesas psíquicas é o de proteger o indivíduo de situações que podem causar sofrimento psíquico, especialmente angústia e ansiedade; mas nem sempre são eficientes.

Após anos de acompanhamento de casais, observei algumas das razões mais recorrentes que podem levar um relacionamento a se desfazer. Trata-se majoritariamente de falhas, sabotagens ou desatenções. São comportamentos que ferem impiedosamente porque sistematicamente se repetem, a serem destacados:

FALTA DE ATENÇÃO

É, de longe, a maior reclamação que ouvi em todos esses anos. A famosa invisibilidade. Ela não tem a merecida atenção. Uma queixa mais feminina do que masculina, embora muitos homens também reclamem-na. Ele deixa de olhar com carinho e cuidado para a esposa, elegendo outras prioridades: os amigos, o futebol, as confrarias, o trabalho, o álcool. Outras necessidades ganham mais atenção. A esposa está na terceira, quarta, quinta prioridade. Risco alto de o relacionamento ser desfeito.

SEXO

Queixa masculina: pouco sexo. Queixa quase unânime. O homem pouco reclama da qualidade, mas sim da frequência.

Queixa feminina: pouco ou nenhum orgasmo. Os homens desconhecem a estatística ruim que pesa sobre eles. A grande maioria das mulheres, mesmo nos dias atuais, poucos orgasmos têm. Muitas vezes, o sexo pode ser bom, mas o homem não tem priorizado o orgasmo da mulher, seja por ansiedade (ejaculação precoce), indiferença (egoísmo) ou por desconhecimento do corpo feminino, notadamente o manejo do clitóris. Por tais razões o sexo é considerado ruim. Seria uma boa opção evocar o cavalheirismo, isto é, privilegiar sempre primeiro o orgasmo da parceira. O fato de a esposa gemer ou se contorcer não necessariamente significa que está tendo orgasmos.

"Se o ser humano negligenciar sua sexualidade, ele jamais se sentirá um ser completo", disse Freud.

TRAIÇÃO

A traição decorre, normalmente, das duas queixas anteriores. Quando aparecem juntas, a traição é iminente ou pode até já ter ocorrido — a não ser que os princípios morais sejam tão rígidos que se coloquem acima dos desejos. É preciso conversar de maneira honesta, clara e sem muitos rodeios sobre a vida sexual em casal. Nesse ponto, as mulheres devem lutar mais pelo seu direito ao orgasmo. Existem sexólogos e outros profissionais que podem auxiliar o casal.

É um tema de casa e um assunto urgente.

FINANÇAS

Na maioria das relações, o homem cumpre a função de guardar, empilhar. A mulher a de consumir, de comprar coisas para si, para ele e para a família. Ela compra com mais frequência e com valores mais baixos, ele compra menos mas com valores mais elevados (carros, imóveis). Ela quer o suficiente para sentir-se segura, ele parece querer aprisionar-se em dívidas. Por vezes, o conflito é inevitável. Envolvem-se conceitos diferentes de como lidar com o dinheiro e problemas de gestão financeira. Uns cobram demais, outros dão satisfação de menos. Cada casal cria o seu próprio modelo, não havendo um perfeito. É preciso chegar a um consenso e seguir o combinado.

DESGASTE DA RELAÇÃO E FALTA DE AVENTURAS

Acontece quando o casal parou de investir na relação. Não viajam mais sozinhos ou com amigos, apenas com os filhos a tiracolo. O relacionamento do casal deixou de ser prioridade e deixaram de fazer aquilo que mais adoravam: cinema, restaurantes, dançar, suas transas preferidas, trilhas, acampamentos, enfim, tudo aquilo que tanto os unia — as aventuras.

Outro erro comum se dá quando o casal prioriza filhos, família, trabalho e amigos. A relação jamais deve perder a importância. O relacionamento do casal é mais importante que a família, porque além de ter chegado antes, é ele que mantém todo o resto. Se ele ruir, cairá tudo. A cultura tem ensinado de forma diferente, afirmando que a família deve ocupar o primeiro lugar. Estamos colhendo amargos frutos dessa instrução equivocada.

VÍCIOS

Drogas lícitas ou ilícitas. Disparado, o álcool é a pior droga de todas. É o maior destruidor de lares, é o maior causador de danos para si e para o meio. Nos maiores danos da infância, ele está presente. Os homens geralmente são mais reféns do que as mulheres. Preferem o álcool, mesmo que não admitam — aliás, negar é a especialidade do alcoolista — ao casamento. É como se existisse uma terceira pessoa no casamento. Drogas são boas?

Talvez sejam! Caso não fossem, não seriam bilhões de pessoas a fazerem uso delas. Porém, o preço a pagar pelos danos não é nada bom. Custa muito, muito caro, em todos os sentidos.

INTERESSES DIFERENTES

Ele prioriza negócios. Quer provar para o mundo do que é capaz. Quer ter sucesso. Ela tem necessidade de amizades, do convívio familiar, de viajar. Interesses diferentes. Ele olha para uma direção, ela para outra. Ele prioriza a família dele e ela, a sua. A educação dos filhos também diverge. São várias as diferenças, incluindo culturais.

O casal não tem um sonho em comum, algo que ambos desejam com intensidade. O que move o casal? Se a resposta for filhos, a relação está em perigo.

INFLUÊNCIAS EXTERNAS

Quem são seus mentores quando o assunto é problema conjugal? Seu pai? Sua mãe? Os amigos divorciados? Alguém que não tem uma boa relação com seu parceiro? No momento em que se dá poder a outras pessoas para opinarem ou decidirem sobre o seu casamento, qual será o destino da relação? Frases do tipo: "Tem bastante homem (mulher) por aí"; "Ele(a) não a(o) ama, não a(o) valoriza, largue essa pessoa".

Sempre que tiver dúvidas sobre um assunto, procure um especialista ou algum profissional responsável e competente. Cuidado ao entregar o futuro ou o destino do seu relacionamento ou da sua família nas mãos de qualquer pessoa, mesmo que sejam pessoas que lhe querem bem. Não necessariamente são maléficas, mas podem causar um bom estrago por não enxergarem os dois lados, o contexto todo. A imparcialidade é uma árdua conquista e não são muitos que a possuem.

Se for pedir conselhos para quem tem um bom casamento, provavelmente a resposta será: "Não se separe". Se for pedir conselhos para quem tem ou teve um casamento ruim, possivelmente a resposta será: "Separe-se". Se for pedir conselhos a quem deseja se separar, mas não tem coragem para tal, naturalmente dirá: "Separe-se". Olhe com atenção para quem você está entregando o seu relacionamento. Essa dica vale para qualquer mentor, independentemente de quem seja.

CRÍTICAS

Críticas frequentes também entram no território dos relacionamentos abusivos. Elas danificam de forma profunda o amor-próprio e a autoestima. Em geral, as críticas são danosas. Não são sobre o que realmente se quer mostrar ao outro, por exemplo, algum comportamento imaturo ou equivocado, mas sobre diminuir ou invalidar. A crítica pode invalidar e tirar a humanidade da pessoa.

COMPORTAMENTO DEFENSIVO/SUPERIOR

É achar que não erra. Não ceder. As coisas têm que ser do seu jeito. Minha família é melhor, minha verdade tem mais valor. Nas brigas, raramente busca o outro. Não sabe pedir desculpas, tem de ser servido... e por aí afora. Em um ambiente no qual uma pessoa se acha superior ou mais importante, não há possibilidade de um diálogo construtivo.

FILHOS

Em tese, os filhos coroam o casal. É um dos pilares de sustentação do casamento. Filhos, a despeito do que alguns acreditam, seguram, sim, casamentos, especialmente os casamentos que estão em perigo. Têm segurado mais que o amor, mas talvez não por toda a vida. Muitos investem mais nos filhos que no cônjuge, é um erro cultural. Filhos chegam, crescem, e devem ganhar força para ir para a vida, para o mundo. Eles vêm, vão e o cônjuge fica.

Mais tarde eles retornam com seus frutos, que serão seus próprios filhos ou suas conquistas. Ao retornarem, não encontrando os pais juntos, sentem-se muito frustrados. A Síndrome do ninho vazio só existe naqueles casamentos em que o casal investiu mais nos filhos do que neles próprios. Quando o último filho vai embora, o casal sente dificuldade de desfrutar-se por conta do distanciamento que criou ao longo dos anos.

AMOR GARANTIDO

O amor garantido é outro grande fator de separação. O sentimento de ter conquistado é um erro fatal. Muitos conquistam seu par e deixam de investir no relacionamento. Já estão com seu afeto dentro de sua casa, dentro de sua vida, e então começam a dar atenção a outras áreas e a outras prioridades. Devemos ter outros interesses também, mas deixar de honrar, de admirar o parceiro e de investir nele pode ser fatal.

Conheci um casal que, de tempos em tempos, simulam um recasamento, somente os dois, tendo apenas o céu ou as estrelas como testemunhas. "São pequenas luas de mel". Mudam de lugar e de região. Trocam juras e novas confissões. Mesmo assim, eles têm seus problemas, mas encontraram um jeito de dar vida ao casamento.

PERDA DA ADMIRAÇÃO

Pode ser fatal para a relação. Quando acaba a admiração, acaba o investimento. Para muitos, a admiração está ligada diretamente ao desejo, à paixão, à atração e ao amor. Quantos se enamoram, por exemplo, mais pela inteligência que pelo corpo, pela beleza física?! A química se dá pela inteligência. A admiração alimenta o amor. Depois de ser perdida, é difícil recuperar o interesse real pela relação.

***

Não existe possibilidade de um casamento ser perfeito. Enxergar o que atrapalha é o primeiro passo para quem quer continuar. Por vezes, modificar um simples detalhe pode mudar toda a relação. Investir no casamento é investir no amor. Pense nisso e procure viver nesse contexto para reencontrar a felicidade.

Na maioria dos casos, investir na separação é investir na dor. Não há possibilidade de não se machucar. "Uma separação é tudo o que você precisa para conhecer o inferno", registrou Emily Dickinson, importante escritora e poetisa norte-americana.

Duas pessoas que se reconhecem imperfeitas, mas que abraçam os defeitos e valorizam as qualidades, como podem não dar certo? Comprometimento é uma palavra-chave para uma relação ser bem-sucedida. Winston Churchill, jornalista e escritor (além de Primeiro-Ministro da Inglaterra duas vezes) que recebeu o aclamado prêmio Nobel de Literatura, escreveu: "Aqueles que não mudam de ideia nunca mudam nada".

Um dos sagrados segredos para novas relações é voltar a confiar.

CAPÍTULO 18
SEXO

"Eu te amo com roupa. Mais ainda sem."

Autor desconhecido

Sexo é um dos temas mais importantes e atrativos de um relacionamento. É um dos pilares do casamento. Quem pensa diferente pode ter sido invalidado na forma de ver e fazer sexo ou de falar sobre ele. Ter medo ou dificuldades com o sexo é ter medo da intimidade. Precisamos falar mais, discutir mais, conhecer primeiramente nosso corpo sem tabus, sem receios, sem culpa.

O sexo é um dos grandes prazeres da vida. É um parque de alegrias e diversões, de fantasias, de demonstração de carinho e de intimidade profunda; é atividade física prazerosa e também uma forma de dar e receber amor.

Em um relacionamento físico amoroso, a profundidade está na intimidade e encontra no sexo a sua máxima expressão. Para muitos, é o beijo. Ele representa o início daquilo que é mais íntimo. Pode-se dizer que a procura pelo âmago da intimidade corporal inicia-se pelo beijo. O ápice é o sexo.

Quando, no casamento, há um distanciamento sexual, o coração da intimidade é ferido. É dito que o que diferencia um casal de verdade de um casal de amigos é o sexo, por isso quem é muito amigo do seu parceiro pode levar a relação sexual a ficar à deriva. Essa dinâmica pode ter destinos desagradáveis algumas vezes.

O conceito de relacionamento saudável passa necessariamente pela saúde sexual do casal.

O sexo é uma linguagem: a do corpo. Ele ajuda o casal a expressar afetos que muitas vezes não podem ser manifestados por palavras. Muitos conflitos são resolvidos na cama devido ao elevado grau de expressão de sentimentos e de linguagens "faladas" através do toque, dos olhos, da pegada forte ou suave e da entrega. Aquilo que muitos não conseguem doar durante o dia, entregam carinhosamente à noite.

Por mais que alguns queiram negar a importância do sexo dentro de um relacionamento, se não existir afinidade sexual, a relação não estará completa, faltará algo. A curiosidade está em: com o que o casal está preenchendo o vazio deixado pelo sexo? Normalmente alguém está entristecido ou magoado com o(a) companheiro(a) se faltar qualidade, frequência ou se inexistir sexo dentro da relação porque ele é atributo essencial de um casamento.

A relação não é compreendida como uma relação verdadeira se não existir sexo. Quando a sexualidade é expressada e vivida de forma completa, o casal esbanja alegria e felicidade. Há uma relação intrínseca entre satisfação conjugal e satisfação sexual, ou seja, a felicidade da relação está intimamente ligada à felicidade sexual do casal.

Quanto mais se pratica sexo, mais se quer praticar; o inverso também é verdadeiro. O sexo pode ser considerado um termômetro do casal, pode ser compreendido como uma "entidade" que dá vida à relação. Caso essa "entidade" não receba atenção, ela vai embora como se tivesse sido desrespeitada por algum dos membros. Quando damos as costas para algo, esse algo também dá as costas para nós. O desejo, a libido, pode simplesmente deixar a relação, restando no seu lugar apenas a amizade e o companheirismo, que para alguns pode ser o suficiente, mas não para a maioria.

O sexo está implícito de forma tácita no contrato do casamento. A cláusula sexo está escrita nas entrelinhas dos contratos de todos os relacionamentos. É uma das regras sagradas da relação; é Cláusula Pétrea (dispositivo constitucional que não pode ser modificado nem mesmo por Proposta de Emenda à Constituição — PEC). Relações sexuais "frequentes" garantem a manutenção da leveza e da felicidade da relação.

Desordens na área da sexualidade durante a vida adulta podem estar relacionadas com abusos ou molestações que ocorreram na infância. É importante compreendê-las.

Quando uma menina é molestada sexualmente, o feminino ou parte dele fica com o molestador; é como se ele levasse embora e não mais devolvesse esse aspecto dela. O curso da vida sexual estará afetado para sempre, e muitos conflitos de sexualidade se darão em decorrência desses eventos traumáticos e perversos ocorridos no passado. Muitas relações ou escolhas homoafetivas surgem e se materializam em função desses fenômenos ocorridos na infância. Uma vez que sua essência feminina foi raptada, o processo de identificação com o feminino poderá sofrer uma reconfiguração, fazendo com que o aspecto masculino se evidencie em detrimento do seu feminino.

O mesmo fenômeno ocorre quando o menino é abusado sexualmente. Sua masculinidade ou parte dela vai embora com o molestador. Como parte do seu masculino é roubada, o feminino ocupa um lugar que não seria devido. O processo de identificação com o masculino poderá ficar prejudicado, podendo ocorrer um alinhamento com esse feminino manifestado. A vida sexual ficará afetada para sempre e terá outros vieses e caminhos diferentes se comparados aos que não tiveram abusos ou molestações. Sofrimentos psíquicos como angústia, ansiedade e depressão acompanharão parte da existência do indivíduo.

Alguns traumas serão para sempre, assim como algumas dores.

O sexo ocupa lugar, importância e sentimentos diferentes na vida dos homens e das mulheres.

Para as mulheres o sexo é o resultado de intimidade e de aproximação afetiva. A qualidade do sexo para elas está ligada à qualidade do carinho, da atenção e da presença amorosa. Para muitas delas, é possível viverem com pouco sexo no casamento. É dito que para as mulheres, via de regra, o sexo começa pela cabeça a partir de um bom papo, olhares maliciosos, sorrisos gratuitos, cortejos carinhosos, rituais que vão acendendo o desejo e o apetite sexual. Para se ter sexo à noite, desde cedo a atenção e o carinho devem estar presentes. O fogo se acende mais lentamente quando comparado ao dos homens, mas acende! São naturezas distintas que buscam o mesmo resultado, que é de ter prazer e dar prazer ao cônjuge.

Para os homens o prazer físico é mais importante do que atenção, carinho e afeto. É quase impossível viver sem sexo no casamento. Utilizam-no como alívio da tensão e da ansiedade e, claro, para receber carinho e amor também. Para eles, ter sexo é receber amor, é a confirmação de que o amor continua dentro da relação. Caso não haja sexo, os homens entendem que não há mais amor no casamento, já que o relacionamento sexual está ligado diretamente à satisfação e à felicidade conjugal. O homem, devido à testosterona, está sempre pronto, ligado. A partir do desenvolvimento maduro das glândulas sexuais, o homem está constantemente plugado, não precisa de grandes preliminares ou extensos cortejos. Basta um olhar malicioso da companheira, uma roupa insinuante, um ritual minimalista de sedução para acender o que já estava aceso. Bum! Está pronto para o sexo, a não ser que o nível de testosterona esteja abaixo do esperado para a idade correspondente, o que pode ser verificado através de um simples exame de sangue. Devido à própria natureza, tende a ser objetivo nos seus propósitos. O que vier além disso vem para enriquecer o momento íntimo.

Dar e receber prazer. Não deveria faltar nenhuma dessas duas faces do prazer. Na vida cotidiana do prazer pelo sexo, os estudos mostram-se mais negativos do que positivos.

De acordo com a recente pesquisa realizada pela Prazerela, publicada por Natacha Cortêz na revista Marie Claire, em 2018:

- apenas 36% das mulheres têm orgasmo durante o sexo;
- apenas 16% das mulheres têm orgasmo somente com penetração;
- para 74% delas a masturbação é o caminho seguro para o orgasmo;
- em torno de 65% das mulheres sofreram abuso sexual;
- apenas 43% têm uma conversa aberta e sincera com o parceiro.

Principais queixas, segundo a pesquisa:

— Eu nunca tive orgasmo;

— Eu não gozo na penetração;

— Eu não consigo me masturbar;

— Eu não tenho tanta vontade de transar quanto o meu marido.

Para muitas, a educação sexual que tiveram estava associada aos perigos e riscos que o sexo poderia oferecer. O tema ficou temeroso e assustador. Raramente foram educadas para os prazeres que o sexo pode proporcionar. Um tipo de cultura social machista com relação ao ato sexual é crer que a qualidade do sexo está localizada na penetração, que o pênis é o suficiente para dar prazer. A realidade tem mostrado que a maioria das mulheres não tem prazer ao serem somente penetradas.

A pesquisa menciona também que o prazer e a satisfação sexual que as mulheres têm quando se relacionam com mulheres é superior quando comparadas ao prazer proporcionado quando transam com homens. Elas se relacionam com suas parceiras com mais carinho, reconhecem onde se encontram as melhores zonas prazerosas, possuem ciência das necessidades do seu feminino e dão prazer com conhecimento de causa.

A questão é preocupante porque muitas mulheres estão infelizes e frustradas com sua vida sexual. Os homens precisam observar esse tema com mais cuidado e diligência. O prazer sexual do casal deve ser bilateral, uma rua com duas vias. Não é um desfrutar egoísta e solitário. Como se sente a companheira que não é valorizada como mulher, cujo marido não a deseja e não atende suas necessidades sexuais? Como se sente quando seu feminino é desprestigiado? Qual desrespeito pode ser maior? Como ficam a autoestima e o amor-próprio dessa mulher? Quando uma mulher é desrespeitada sexualmente, o homem "rouba" parte do feminino dela. Ela se sente profundamente magoada no seu feminino, e dessa dor podem advir doenças associadas à genitália feminina, como: mioma uterino, infecções urinárias repetitivas, doenças no colo do útero e dor na relação sexual, além de doenças em outras partes do corpo associadas ao feminino (mamas).

A compreensão básica de uma relação sexual é a de dar prazer ao outro, em primeiro lugar, e a si mesmo como consequência. A máxima expressão da gentileza masculina no campo da sexualidade é dar primeiro prazer à mulher. Não é direito, é dever, sendo comportamento de cuidado e de amor. Estudos indicam, e a prática comprova, que devido às facilidades que os homens têm de se excitarem muito rapidamente, há uma tendência natural de chegarem ao orgasmo alguns minutos antes de suas parceiras. Uma vez que o homem deseja a frequência, é necessário melhorar a sua performance, já que as mulheres preferem qualidade à quantidade.

Normalmente as pessoas gostam de sexo, amam fazer amor. Todos podem sentir prazer e cada casal deve achar seus próprios caminhos observando as suas singularidades. Quando a química entre ambos é ótima, tudo acontece sem bloqueios, o prazer está livre de qualquer censura. Por outro lado, a química ou a afinidade sexual pode nunca ter existido de forma excitante.

É importante conversar sobre e experimentar o que se gosta. O diálogo deve ser claro, sem receios de ferir o cônjuge. Cada corpo é um corpo, então o que excita uma mulher não necessariamente pode excitar outra. Cada pessoa tem sua singularidade sexual. Muitas mulheres adoram um fetiche ou uma fantasia, assim como os homens. É provável que muitas jamais serão realizadas por receio de tocar no assunto.

A TRÍADE: AMOR, PRAZER E SEXO

É preciso dar mais que somente amor. É preciso dar mais que somente prazer. É preciso dar mais que somente sexo. Ao faltar um desses elementos, a relação estará incompleta, não estará preenchida e existirão inquietude e insatisfação no ar. Nos relacionamentos em que a fidelidade e a lealdade não estiverem estruturadas, somadas à ausência de qualquer um dos elementos da tríade, a traição conjugal será o elemento acionado para reparar a falta.

Para compreendermos um pouco sobre esse tema tão complexo que é a traição, precisamos olhar para além do certo e do errado, para além do bem e do mal. Talvez seja difícil compreender a traição e lidar com ela. É certo que esta cumpre uma função dentro do sistema familiar: denunciar que alguns dos elementos da tríade não vão bem, estão sendo rejeitados ou excluídos. Sempre os excluídos e rejeitados criarão conflitos e dores até que sejam escutados e, de alguma forma, incluídos novamente. Os incompletos traem mais.

O prazer é um dos grandes ingredientes do amor e quem está afastado do prazer por crenças, castrações religiosas, preconceitos infantis, medos, traumas ou inseguranças estará afastado do amor.

Se alguém está brigado com o prazer, está brigado com o amor.

⬤ vitrolalivros

VITROLA EDITORA E DISTRIBUIDORA LTDA
Rua das Camélias, 321 - Aparecida
CEP: 98.400-000 - Frederico Westphalen - RS
Telefone: (55) 3744-6878
editora@vitrola.com.br
www.vitrola.com.br